本書爲二〇一七—二〇一九年中國文化遺産研究院科研課題「院藏清陳介祺金石學資料整理研究」（課題編號2017-JBKY-13）成果之一

古文字與中華文明傳承發展工程

本書得到國家「古文字與中華文明傳承發展工程」支持

秦詔量權　泉布泉範

赫俊紅　主編

国家出版基金项目
NATIONAL PUBLICATION FOUNDATION

中華書局

圖書在版編目（CIP）數據

陳介祺拓本集．秦詔量權 泉布泉範／赫俊紅主編．
－北京：中華書局，2024.12
（陳介祺手稿拓本合集）
ISBN 978-7-101-16504-3

Ⅰ．陳… Ⅱ．赫… Ⅲ．①金文－拓本－中國－秦代－圖集②古錢（考古）－拓片－中國－圖集 Ⅳ．K87

中國國家版本館 CIP 數據核字（2023）第 242948 號

書　　名	陳介祺拓本集·秦詔量權　泉布泉範
叢 書 名	陳介祺手稿拓本合集
主　　編	赫俊紅
責任編輯	許旭虹　吴麒麟
裝幀設計	許麗娟
責任印製	陳麗娜
出版發行	中華書局
	（北京市豐臺區太平橋西里38號 100073）
	http: // www. zhbc. com. cn
	E-mail: zhbc@zhbc. com. cn
印　　刷	北京雅昌藝術印刷有限公司
版　　次	2024年12月北京第1版
	2024年12月北京第1次印刷
規　　格	開本889×1194毫米　1/8
	印張23
國際書號	ISBN 978-7-101-16504-3
定　　價	520.00元

緒言　清代陳介祺的金石鑒藏與傳拓

陳介祺（一八一三—一八八四，字壽卿，號簠齋）二十歲左右開啓了他的金石人生，五十餘載傾心致力於金石古器的鑒藏考釋和傳拓賡續，其成就可謂傳統金石學發展歷程上的一座豐碑。

簠齋在清咸豐四年（一八五四）引退歸里山東濰縣之前，所收藏的吉金、古璽印及金文拓本已初具規模，其中吉金一百三十餘器，包括西周毛公鼎（圖一）、天亡毁（圖二）等重器，古璽印二千餘方，金文拓本七百餘種。他以拜見、過訪、書函等方式與當時諸多金石前輩或同好，如阮元、張廷濟、徐同柏、劉喜海、吳式芬、李璋煜、許瀚、翁大年、何紹基、吕佺孫、吳雲、陳畯、釋達受等，在收藏、鑒考和傳拓方面均有不同程度的交流和切磋。

簠齋歸里後至光緒十年(一八八四)去世的三十年間，從其治金石的成就來看，可分爲早中晚三個時段。早期爲咸豐五年至十一年（一八五五—一八六一）的六七年間，簠齋暫居鄉野，因時局動蕩，家室未安，治金石雖偶有收穫，但比較有限。中期即同治元年至十年（一八六二—一八七一），簠齋還居城內，新建宅第，儘管時局不穩，家事多艱，地處僻壤交游不便，但在金石的鑒藏、研究和承續上已逐漸形成獨特的傳古理念。晚期爲同治十一年至光緒十年（一八七二—一八八四）的十多年間，簠齋在同治十年連遭喪妻失子之悲後，更傾心於金石之業，無論是在收藏品類的廣度和深度上，還是在金文考釋著述、金石製拓技藝的传承創新上，皆成就顯著，後人難以望其項背。同時，他與仕宦吳雲、潘祖蔭、吳大澂、鮑康、王懿榮等金石同好頻頻通函，交流探討治金石文字之學的心得和經驗，並不遺餘力地藉助傳拓來踐行金石文化的推廣和傳承。

一、簠齋的金石鑒藏及傳古觀

清代中晚期，金石鑒藏已成爲書畫收藏之外的重要門類。簠齋喜古書畫，更嗜金石古器及拓本，同治十二年七月廿九日致吳雲札云：「書畫之愛，今不如昔。以金文拓本爲最切，其味爲最深厚，石鼓秦刻漢隸古拓次之。」[一]他一生收藏的金石器在品類及數量上是個動態的過程，當經歷了咸豐同治年間的社會動蕩，感到幾十年來的積藏命運叵測時，他決意用傳拓的方式將私藏與海內同好共享，遂經年不斷費盡心力地延聘工友拓製所藏金石璽印以贈友好或售直助拓以傳古[二]。簠齋將所製拓本用毛頭紙包裝起來，隨手將考釋及各事題於包裝紙上[三]。據曾負責保管簠齋拓本箱及手稿的陳繼揆（一九二一—二〇〇八）先生統計，「僅舉其有銘文者，商周銅器二百四十八件，秦漢銅器九十七件，石刻一百一十九件，磚三百二十六件，瓦當九百二十三件，銅鏡二百件，璽印七千餘方，封泥五百四十八方，陶文五千片，泉鏡鏃各式範一千件，銅造像無目不計」[四]。簠齋得器的主要途徑有購自市肆、得自舊藏家、親友饋贈、與藏友交换、托古董商或友人代爲尋購等。簠齋在歸里濰縣之前，多着力於古璽印及吉金彝器等鐘鼎重器的收藏，歸里後受限於經濟及地理因素，更多地關注齊魯地區出土的秦漢磚瓦石刻等，尤其是最早敏鋭地發現、收藏及研究古陶文。簠齋對藏品的尋覓選擇，無不體現其求真尚精、重文字、傳文脈的傳古思想和觀念。

（一）求真與尚精

簠齋的求真與尚精觀，貫穿於他對器物的鑒藏以及對器形和文字等信息的複製和保存中。他認爲「傳古首在別僞，次即貴精拓、精摹、精刻，以存其真」。也就是説，簠齋既重視器物本體的真實性，又重視器物文化信息在存留傳承過程中的真實性。前者要靠較高的學識和認知來去僞汰疑，後者要靠精微的工藝來實現。

就簠齋的藏器而言，在得自劉喜海舊藏的二十多件吉金中，他認爲益公鐘「疑陝僞」（圖三），雙耳壺「字僞」（圖四）[五]。簠齋與潘祖蔭等同好在通函中提及所藏的「十鐘」、「十一鐘」並不包括益公鐘[六]。對於他人所藏僞器或不真之器，簠齋也不諱言。同治十二年七月，他在得閱潘祖蔭《攀古樓彝器款識》和吳雲《兩罍軒彝器圖釋》刊本後，直言不諱地力勸二人要淘汰僞器和可疑之器，「以欲古人之真」[七]，以免誤導後人。

[一]（清）陳介祺著、陳繼揆整理：《秦前文字之語》，齊魯書社，一九九一年，第二三九頁。
[二]（清）陳介祺《傳古小啓》（初稿），（清）陳介祺著、赫俊紅整理：《陳介祺手稿集》第四册，中華書局，二〇二三年，第九三二頁。
[三]（清）陳介祺著、陳繼揆整理：《簠齋金文題識》序，文物出版社，二〇〇五年。
[四]《秦前文字之語》前言，第三頁。
[五]中國文化遺産研究院藏五册精裝本《簠齋藏吉金拓片》（登録號00995）中益公鐘、雙耳壺拓本的背面題字。
[六]赫俊紅：《陳介祺藏鐘及對潘祖蔭邰鐘的考釋》，載《文物天地》二〇二二年第一期。
[七]簠齋同治十三年二月十三日致鮑康札，《秦前文字之語》，第一八六頁。

圖一　西周毛公鼎全形拓初拓本（陳進藏）

圖二　西周天亡毁全形拓

剔益公鐘

八六

圖三　簠齋疑僞器益公鐘全形拓及背面題字

雙耳壺字僞剔

八七

圖四　簠齋疑僞器雙耳壺全形拓及背面題字

他的這種汰僞去疑的存真觀，在致潘祖蔭、王懿榮、吴雲的信札中多有體現，同治十三年八月廿一日致潘祖蔭札中更是直言：「愚者之實事求是，良可哂也。其望當代之大收藏家專傳所得至可信之品，而不敢言可汰者，則其誠亦可憫矣。」[一]

簠齋對於藏器不僅求真，還力求「精」和「古」，即重視藏器的時代性和代表性。他認爲「多不如真，真不如精，古而精足矣，奚以多爲。得可存者十，不如得精者一」[二]。故鮑康（一八一〇—一八八一）評曰：「壽卿所藏古器無一不精，且多允推當代第一。」[三]簠齋求真尚精觀在傳拓方面的體現，將在下文述及。

（二）重文字與傳文脈

簠齋治金石的最大特點是重視文字，一是重文的義理，二是重字的本身。簠齋各品類的收藏皆因文字而起意，尤其好三代吉金文字，他在囑托西安古董商蘇億年代爲覓器時寫道：「以字爲主，式樣次之，顔色花文又次之。只好顔色而字遜者亦甚不必争。天地間惟以字爲重，字以古爲重。時代愈晚愈輕。印自不如古器，而費又多。雖費多而不能敵一重器，私印尤不敵官印。余收古物以印之費爲多，而愛之則不如三代器，愈老愈愛三代古文字拓本也。……如有再出字多之器，千萬不可失之。切屬切屬！千萬千萬！」[四]簠齋對商周秦漢歷代金文的信息特點有中肯的歸納：「金文以三代文字爲重，秦無文字，漢器之銘無文章，記年月、尺寸、斤兩、地名、器名、官名、工名而已，後世則並此而無之矣。」[五]

三代金文之所以重要，是因爲簠齋認識到商周金文是秦燔之前的「古文字真面」，是探究先秦社會歷史的原真性資料。秦代是中國社會歷史遞變的一個重要節點，秦燔加劇了後世與周文化之間的斷裂，「秦以前是一天地，同此世界，而與後迥不同」。而久埋地下被不斷發現的吉金銘文，刷新着有識之士對古史的認知。簠齋認爲「三代器之字，皆聖人所製。其文亦秉聖人之法，循聖人之理。亦有聖人之言，特不過是古人之一事耳」[六]。相較於漢儒整理輯存的先秦文獻，有些吉金重器的銘文甚至可稱爲「真古文尚書者」。正是這種對商周金文原真性史料價值的清晰認識，促使他數十年不間斷地對自藏周毛公鼎、天亡毁和戰國區鍨，潘祖蔭藏盂鼎、郘鐘、尨姞毁，以及吴雲藏齊侯罍等重器銘文進行研究和考釋，目的是欲求古人之理，明古人之心。他在同治十年毛公鼎銘考釋之初創稿的題記中寫道：「明聖人之理，然後可以知聖人之心。知聖人之心，然後可以論聖人之事。」[七]

金石文字還是簠齋鑒定古器真僞的核心要素。他認爲「古器字既著録傳後，必先嚴辨真僞，不可説贋」，還提出了鑒别真僞的要訣，一方面是從解讀字詞和篇章的角度，不僅要重釋字訓詁，更要重篇章結構，要能貫通古人之文理文法，即「以文定之」；另一方面是從解析文字書寫的角度，要精熟古人之行字用筆，即「以字定之」[八]。他在致潘祖蔭等人的信札中也多有類似言論：「收古器則必當講求古人作篆用筆之法，知之然後可以判真贋。」「論文字以握論器之要。」「近日作僞至工，須以作字之原與筆力别之，奇而無理，工而無力，則其僞必矣。」「識得古人筆法，自不至爲僞刻所紿，潛心篤好，以真者審之，久能自别。」

簠齋重視文字還體現在對金文新舊拓本不遺餘力的搜集上。歸里前，他將所藏三代器文拓本七百餘種裝幀成册，後來鼓動各大藏家彙集所藏金文拓本編纂字學辭典《説文統編》，以校訂和補充漢代許慎的《説文解字》。同治十一年十月十四日簠齋致鮑康札云：「今人論書，必推許氏，然許書已非真本，豈能如鐘鼎爲古文字廬山真面。當以今世所傳金文千餘種，合古書帖，編增許書。鐘鼎之外，惟古刀幣及三代古印耳，是當並補許書中。豈可不精摹而使再少失真，日後又無從仿佛邪。好古家刻書，每患己見之陋而沮，愚謂刻摹精審，則天下後世，皆得借吾刻以考證，又何必因噎而使錯過失時。惜乎，燕翁不明此理，而徒以玩物畢一生之精力而一無所傳也。」[九]

劉喜海（一七九三—一八五二，號燕庭）富藏金石，簠齋所藏鐘鼎、秦量詔銅版等重要器物皆得自劉氏舊藏，他對劉氏所藏未能廣佈傳播並惠及後世深感惋惜，並引以爲戒。簠齋在刻成於同治十二年的《傳古小啓》中，很明確地表達了將私藏金石文字以傳拓的方式化爲公器的傳古觀念。他寫道：「天地古今所傳文字耳。大而精者義理，小而粗者文字，無文字則義理亦不著矣。余收金石古文字四十年餘，歸里來以玩物例屏之。同治丁卯，青齊息警後，自念半生之力既糜於此，三代古文字猶是漆簡真面目，非玩物比也。時代限之，以次而降。今不如古，不能相强。雖一藝，古文字亦可珍也。檢視所藏，尚少贋字。拓傳，公諸海内。」[十]

二、簠齋的金石傳拓及拓工

（一）精拓多傳

簠齋鑒藏金石的最終目的，是要憑藉文字來揭示古人之義理，傳承接續先賢之文脈。此外，他傳承文脈的另一重要方式是以傳拓來存續文字信息，尤其是在經歷動盪亂世之後，他深感古器存世無常，傳拓之

[一]《秦前文字之語》，第三三頁。
[二] 簠齋同治十二年七月十日致潘祖蔭札之附箋，見《秦前文字之語》，第四頁。
[三]（清）鮑康：《續叢稿》第三七頁，「再題壽卿瓦當拓册」一則，載《觀古閣叢刻》，清同治光緒間刻本。
[四] 羅宏才：《新發現的兩通陳介祺書信》，載《文物》一九九五年第一期。
[五] 簠齋同治十二年八月（廿九日）致潘祖蔭札之附箋，《秦前文字之語》，第九頁。
[六]《金文宜裝册》，《陳介祺手稿集》第四册，第九七四頁。
[七]《周毛公厝鼎銘釋文》（初創稿），《陳介祺手稿集》第一册，第三七頁。
[八]《古器説》，《陳介祺手稿集》第四册，第九七六頁。
[九]《秦前文字之語》，第一四五至一四六頁。燕翁，指劉喜海。
[十]《傳古小啓》，《陳介祺手稿集》第四册，第九三二、九三八頁。

志更加堅定和迫切，不惜傾盡心力，延聘和培養拓工，將積藏半生的金石以傳拓方式來記録和保存古器之真形、古文字之真面，甚至不恥以售拓的方式來籌資助拓，從而更廣泛地傳播和光大了金石文化。

在藏器、製拓與傳古的關係上，簠齋認爲要「精拓多傳」，「使今日後日知之，勿以拓之不易而靳之也」[一]。若有藏器而不拓傳則若無器，「不拓則有若無，拓傳而古人傳，則藏者能以古文字公海内矣」[二]。

在製拓工藝上，他亦講求「真」與「精」。就金石文字而言，真與精體現在剔字時對字之邊際的明辨，以及拓字時對拓包、墨、紙、水之間濃淡乾濕及手法的掌控上[三]。就吉金全形拓而言，體現真與精的關鍵之處，一是器形的整體真實感，二是分紙局部拓出再綴合，三是精細與傳神。簠齋的吉金全形拓圖像具有真實、端莊、古雅和滄桑的特點，體現了他對吉金彝器功能及性質的理解，實現了全形圖像製拓工藝上的傳承和創新。

具體而言，當時製作器物拓本大致有兩種樣式，一是釋達受（字六舟）的整拓法，一是陳克明（字南叔）和陳畯（字粟園）的分紙綴合拓[四]。簠齋居京時，與達受、陳畯皆有往來交流，熟知其不同拓法，認爲前者「完紙成之，尤極精能，雖有巧者不能出其心思已」，「似巧而俗，不入大雅之賞」[五]；後者「從器上拓出而形象曲合」，且「遍觀所拓，古雅静穆，真不啻在三代几席間也」[六]。

簠齋的全形拓延承了陳畯的分拓綴合法，並探索利用洋照的優勢於拓圖之中。他在同治十一年（一八七二）九月至光緒元年（一八七五）七月間致吴雲、王懿榮、吴大澂、潘祖蔭的信札中，多次提及對傳入中國的西洋照相術成像特點的理解和審美，積極倡導利用洋照來拍攝古器、書畫碑帖，以保存和傳承中國之藝文。他認爲洋照拍攝出的古器圖，形象逼真，但其景深前大後小（或近大遠小），有失器之神態，且花紋不清晰，故作器圖時要不拘洋照，中西結合，即取洋照之形式，並據器之曲折處審校，修補必須表現而照圖中没有之處，再結合墨拓花紋等局部進行綴合[七]。同治十三年（一八七四）十二月二日、光緒元年（一八七五）正月二十日，簠齋致潘祖蔭的兩札中，建議潘氏用洋照與墨拓相結合的方法作盂鼎圖。

縱觀簠齋吉金全形拓圖，其視覺真實性的達成，一方面在構思上，是將器物在多視點平視下的正投影與俯視下的前後陰陽及比例關係相融合；在工序上，先依器之耳、足、口沿、腹身等不同部位用極薄細軟的紙分别拓出，再將其按擬定的視覺關係綴合黏貼在作爲襯紙的宣紙上。另一方面，拓墨的濃淡相間施用，精微地凸顯出器之口沿、耳、足、提梁、腹部扉棱、花紋等的立體質感，結合器内外素面處的淡墨平拓，間以斑駁印迹，使得青銅彝器的立體、厚重感躍然紙上，並在呈現視覺真實性的同時，透出一種古雅的文人化的審美氣息。

約在同治十三年，簠齋將平日所知所得以及既可保護好古器又能製出精拓的要訣寫成《傳古别録》，由潘祖蔭代爲刊佈。吴大澂（一八三五—一九〇二）盛贊簠齋道：「三代彝器之富，鑒别之精，無過長者。拓本之工，亦從古所未有。」「然非好之真，不知拓之貴，亦不知精拓之難。」簠齋這種記録和呈現吉金古器的傳拓方法，突破了北宋《宣和博古圖》和清乾隆朝《西清古鑒》[八]中僅靠摹繪古器輪廓形象和紋飾的製圖局限，達到了真實性與藝術表現性的統一。

簠齋藏器及拓本的品類和數量，在不同時段會有差異。同治十二年間簠齋在《傳古小啓》中開列了當時可售直的拓本清單：鐘拓十種，三十字以上彝器及秦器拓共約四十種，三代彝器拓大小殘缺約一百五十種，三代秦漢六朝古銅器小品及銅造像拓本約百種内，古刀布及泉拓最瑣屑而未列數量，泉範拓百餘種，漢鏡拓百餘種，秦漢瓦當及瓦字拓百種内，漢魏六朝磚拓百餘種，六朝唐宋元石拓約百種内，《十鐘山房印舉》六函（後改爲八十册八函）。此外，簠齋在致友人信札並寄贈拓本時，也偶有提及某類拓本全份的數量。目前在陳進先生處可得見陳氏家藏拓本目録，其中《十鐘山房藏古目》列有商周、秦漢銘文銅器三百四十五種，《鏡拓全目》有銅鏡二百種，《瓦拓全目》有瓦拓九百二十四種，《專拓全目》列秦漢、南北朝古磚三百二十三種，《十鐘山房藏石目》有東漢至宋金刻石及造像一百一十八種。

（二）簠齋的拓工

簠齋最早的傳拓助手是陳畯（字粟園，海鹽人）。簠齋居京期間與陳畯交往，較早的交往記録見簠齋道光二十一年（一八四一）所作的《虢季子白盤釋記》，其中提及劉喜海囑其友粟園手拓盤銘以其一贈簠齋，陳畯六月到京，兩人「相從論古以永日」。咸豐元年（一八五一）前後，簠齋請粟園移榻家中，助拓《簠齋印集》十部[九]。簠齋認爲粟園性情「静專」[十]，拓工至精，很欣賞其全形製拓中能保留古器之真的做法，

[一] 簠齋同治十三年六月十三日致吴雲札，見《秦前文字之語》，第二五四頁。
[二]《古器説》，《陳介祺手稿集》第四册，第九七九頁。
[三] 見《傳古别録》中「剔字之弊」、「拓字之法」的有關闡述，《陳介祺手稿集》第四册，第九八八至一〇〇四頁。
[四] 簠齋同治十二年十月十三日致吴雲札云：「圖乃六舟作法，不及陳南叔竹林作圖以尺寸爲主，須以細銅絲或竹筋密排於版中，使損抵於器之中，則大小可得其真，曲折悉合，然後側之以見器之陰陽向背之情，然後槖者就古器寬平者拓文，就器而撕合之，則不失矣。陰陽向背圖器同審自合（合則刻木，拓之亦佳）。」《秦前文字之語》，第二四七、二四八頁。
[五]《傳古别録》，《陳介祺手稿集》第四册，第一〇〇三頁。
[六] 陸明君著：《陳介祺年譜》，西泠印社出版社，二〇一五年，第六六頁。
[七] 參見簠齋同治十一年九月二日致吴雲札附箋，次年十月十三日致吴雲札，《秦前文字之語》，第二一七、二四八頁。
[八] 王黼奉敕編纂的《宣和博古圖》輯録了宋皇室所藏商至唐代的青銅器，對每件器物均摹繪圖形和款識，記録容量、重量、銘文字數及釋文等，間有考記；目前流傳版本多爲明清重修本，如明萬曆間的《泊如齋重修宣和博古圖録》，由畫家丁雲鵬、吴廷羽繪圖。《西清古鑒》仿《宣和博古圖》遺式，著録清殿廷陳列及内府所藏青銅古器，除文字記考外，亦摹篆款識，精繪形模。此書清乾隆十四年（一七四九）由吏部尚書梁詩正、户部尚書蔣溥、工部尚書汪由敦等奉敕編纂，陳孝泳、楊瑞蓮摹篆，畫院供奉梁觀、丁觀鵬等繪圖。參見《西清古鑒》清光緒十四年（一八八八）日本邁宋書館銅版刻本。
[九] 簠齋云：「昔辛亥（一八五一）陳粟園爲作《簠齋印集》十部，十月始成。葉（志詵）、劉（喜海）、李（璋煜）、吴（式芬）、吕（堯仙）諸公醵貲助之乃就。」見《傳古小啓》（三抄校稿本），《陳介祺手稿集》第四册，第九四一頁。
[十] 簠齋同治十一年九月二日致吴雲札之附箋云：「廿年前所著《簠齋印集》，僅成十部。友人醵贈粟園亡友，每部十金或十餘金不等，紙與印泥不與焉。閱八月乃畢，非粟園静專，不能就也。」見《秦前文字之語》，第二二五頁。

並在歸里後的傳拓實踐中加以繼承且進一步發展完善。他在一套五册精裝本的吉金全形拓目録中寫道：「全圖必以粟園爲宗，而更求精。」[二]（圖五）作爲良工益友的陳粟園，成爲簠齋歸里後每每追念的拓工典範，這一點簠齋在致鮑康、潘祖蔭等友人的信札中多次提及。

簠齋在傳拓過程中總念及粟園，是因很难遇到稱心的好拓工。他在同治十三年六月六日、七月十一日致潘祖蔭札中云：「拓友之難備嘗，教拓則苦其鈍，又苦其厭，久而未必能安，重椎損器，多拓磨擦，私留拓本，妄費紙墨，出外游蕩，技未至精，而自恃非伊不可，與言每不隨意。若陳粟園者，貞不可復得。即欲多延一二人，亦須有人照料方妥，此亦約略。」「敝處拓友，皆日日自看自教，拓未至精，而相處亦不易。如粟園者，今日豈可得哉。」[三]簠齋認爲好的拓工至少要具備以下幾方面特點：有一定的學養、通篆學，品性誠實可靠、静心專注、精細沉穩，技術精嚴。「延友則必須通篆學，誠篤精細，不輕躁鹵莽者。此等人亦必須善遇之，使之能安，然甚不易得。」[三]

同鄉王石經（一八一三—一九一八，號西泉）爲武生員，通篆法，刻印能得漢法，常得簠齋指點引導，是簠齋比較稱意的拓友。簠齋在光緒二年（一八七六）四月四日爲《西泉印存》題記曰：「西泉作印與年俱進，昔師漢印，今則秦斯金石刻，三代器文之法，有得於心。徒以古印求之，非知西泉者矣。」簠齋用印多出其手，評價他可與趙之謙比肩，「西泉似不讓撝叔也」[四]。簠齋還引薦西泉爲潘祖蔭、王懿榮等同好刻印，潘祖蔭在光緒十二年（一八八六）二月下旬題《西泉印存》云：「簠齋丈曾屬西泉爲余刻印，今年始遇於都門，復爲刻數枚。西泉之印近今無第二人。質之知者以爲何如？」[五]

簠齋延聘過的其他拓工主要有：張子達、吕守業（劉守業）、陳佩綱、姚公符、何昆玉（字伯瑜）等。他們各有長處和不足。對於張子達，簠齋認爲，其身體和品性皆有缺陷，但「拓白文能精」，「拓墨則他人皆不及」[六]。簠齋致潘祖蔭札云：「張子達（衍聰）之拓法，卻勝東省他人。但聾甚，又多疑，又能使氣，又私拓，又不惜護（卻未損），非有人監拓不可。薄如幣布朽破不可觸者，恐非所宜。又不能拓陽文，而尚能作圖，圖須指示乃大方。」[七]張氏墨拓北魏畫像石《曹望憘造像記》，簠齋認爲「工而未雅」[八]。

吕守業（曾姓劉，後改歸本宗，仍名守業）是簠齋培養出來的能精拓石瓦的拓工，「數年來令此劉姓習拓石瓦，二者竟能精，惟尚未能拓吉金，亦未多習之故。年少穩細，能領略指授，今日不可多得」[九]。簠齋在同治十二年（一八七三）十二月至光緒元年（一八七五）五月致鮑康、吴雲、王懿榮的信札中數次提及，認爲吕氏能受教，能究心，從容謹細，行不劣，是位好拓手，只是做工慢，「不受迫促，一紙須他人數紙工夫，勿輕視之」。簠齋曾遣其參與琅琊秦刻之拓事，吕氏還曾拓北周武成宇文仲造玉像等。

陳佩綱（字子振），簠齋族弟，從簠齋學習摹刻古印，雖日有長進，但仍遜於王石經，「子振止能刻，若令自篆鐘鼎則不能成章，至鈎字或增或減其過不及者，則不能解，亦極代費心目。西泉能知之且知其意，故是良友」[十]。簠齋曾囑子振爲潘祖蔭、吴大澂、王懿榮刻印。

姚公符（？—一八七九），簠齋晚年傳拓助手，曾拓古陶、矢胸盤等。簠齋光緒四年（一八七八）十月九日致吴大澂札云：「古匋今得邑人姚公符學桓作圖，尚精細。今寄圖屏六十二幅，又矢胸盤大紙者一幅（有考未及書），紙背少有次序。公符寒士，以筆墨爲生，乞酌助之。」[十一]

何昆玉，廣東高要人，同治十一二年間携潘氏看篆樓古印、葉氏平安館節署燼餘古印到簠齋處，簠齋出其舊藏，並增益岳父李璋煜、吴式芬、鮑康等藏印編纂《十鐘山房印舉》[十二]。何氏助拓一年多，約成《十鐘山房印舉》廿部，每部八十本八函[十三]。

三、《陳介祺拓本集》的輯刊

百餘年過去，簠齋藏器歷經滄桑，四散海内外，而中國文化遺産研究院有緣珍藏了簠齋考釋手稿及一批金石拓本。手稿係簠齋後人於一九六四年捐贈，金石拓本主要是二十世紀五六十年代國家文物主管部門從市肆購得。二〇一七至二〇一九年，筆者以文研院立項科研課題「院藏陳介祺金石學資料整理研究」（編號2017-JBKY-13）爲契機，全面調查了簠齋藏器拓本，分門别類進行了鑒别、整理和研究，分爲商周彝器全形拓、商周彝器文字拓、商周兵器、秦詔量權、漢器、銅鏡、泉布泉範、瓦當、古磚、古陶文十種，彙爲《陳介祺拓本集》，有關情況簡述如下。

［一］《簠齋藏吉金拓片》（登録號00995），中國文化遺産研究院藏。
［二］《秦前文字之語》，第二四、二八頁。
［三］簠齋同治十三年七月十一日致潘祖蔭札，《秦前文字之語》，第二九頁。
［四］簠齋光緒元年正月十一日致潘祖蔭札，《秦前文字之語》，第四六、四七頁。
［五］（清）王石經著、陳進整理：《西泉印存》，天津人民美術出版社，二〇一四年。
［六］簠齋同治十三年八月廿一日致潘祖蔭札，《秦前文字之語》，第三五頁；光緒元年七月二十五日致王懿榮札，《秦前文字之語》，第一一三頁。
［七］簠齋光緒元年正月十一日致潘祖蔭札，《秦前文字之語》，第四七頁。
［八］簠齋光緒元年七月二十五日致王懿榮札，《秦前文字之語》，第一一三頁。
［九］簠齋同治十二年十二月立春後一日致鮑康札，《秦前文字之語》，第一八三頁。
［十］簠齋光緒元年三月二日致王懿榮札，《秦前文字之語》，第一〇三頁
［十一］《秦前文字之語》，第三二一頁。次年（一八七八）九月十九日簠齋致吴大澂札云：「姚公符亦作古，須别倩人爲之。」《秦前文字之語》，第三二六頁。
［十二］簠齋同治十二年二月二十四日致吴雲札，《秦前文字之語》，第二三〇頁。
［十三］簠齋同治十二年十一月十五日致鮑康札，《秦前文字之語》，第一八〇頁。

大楚公鐘
古奇字鐘
商子㫃瞿戊敦右乳
商癸山彝有乳
僉父乙卯彝 底有僉文
中彝底有龍文
王有大豐敦四耳
伯雝父敦器蓋
麋生忽父敦器蓋
又一
豐兮夷敦器蓋
君夫敦蓋
陳侯因資錞 器
曾伯霥簠蓋
虢姜簋器
許子妝簠蓋
縵父盤 贈李氏
鄭君媿鼎
犀伯魚父鼎
剌戉小鼎
子冊子鬲鼎 贈他氏
矢伯𨾊卣器蓋
盥中狂卣器
此犧尊器蓋
傳尊
兄鼎父尊 贈李氏
奇字器

首乙斝
冉虎斝
母甲觶
父丁吉田觶
聿貝父辛觶
手止父乙觶
婦闆觶器蓋
又一
𩁹黃爵
子丁爵
舟且庚爵
旅单父丙爵
魚父丙爵
子八父丁爵
口周窒匜
宗山豆 與宋嵩宣器
眉脒鼎 並有商字
緻安君鉼
晏刀鼎器蓋

金石錄以
栗園為宗
石豆求精

陽朔上林鼎器蓋
陽周倉金鼎器
第十平陽共鼎器
杜共鼎蓋
安成鼎蓋 再補器
廢丘鼎蓋
陽嘉扶侯鍾
元延 陵雲鐙
又一 劉氏
元延 萬歲宮鐙
上軍侯燭豆 兩鐙
桂宮 行鐙
董彤洗
長宜子孫洗
己侯鐘
兮中鐘
龍伻編鐘
遅止姜𥫱
犁 十六年
池陽宮行鐙
以上六器 俗墨為
後宸敦丙申角
乃葉氏物

商天君鼎
叔侫鼎 小鼎之出齊地 當即陳敬作 鼎與器蓋者罕見
遇尊
應公尊
白伯睘瑗卣器蓋
商且己卣 父辛 器蓋 底有蟬文
孟爵 當與孟鼎為一人 爵中第一等之品
虘爵
僉父丁爵 當即作僉彝之人所為
子爵 東鄉物 特起興器時失之
亞孫父乙觶
天子頌觚 購之泰石山房 觚中已佚者
料觚
函闔皇父敦器蓋
立戈子執干壺
臤匜
函皇父匜
臤盧盤 盧
步高宮鐙
開封行鐙

吉羊洗
太康壺 晉武帝司馬炎之 二十五年

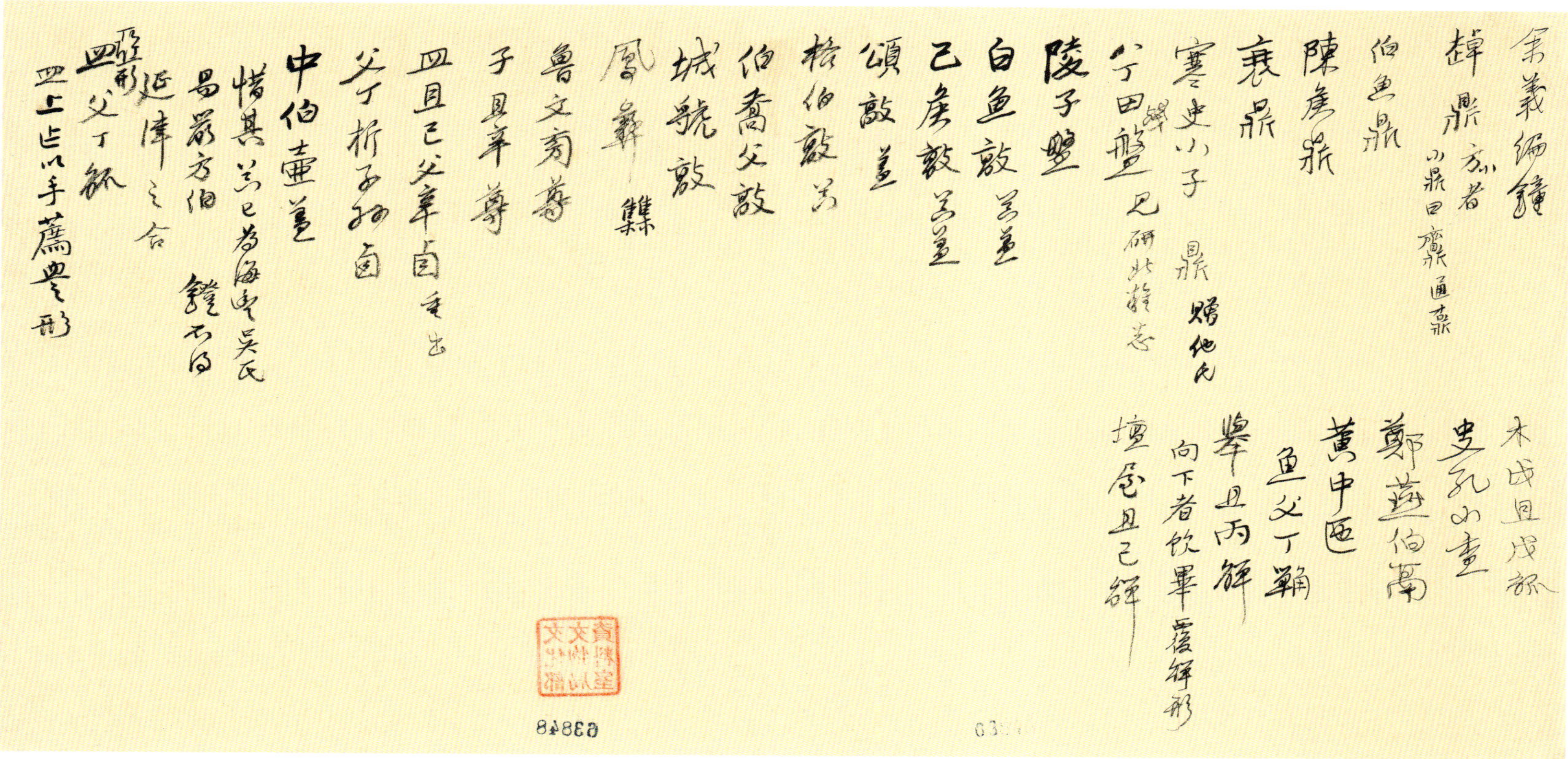

余義編鐘
伯魚鼎
陳侯鼎
寰史小子鼎
兮田盤 見研北雜志
白魚敦
己侯敦
頌敦蓋
格伯敦
伯喬父敦
城虢敦
子且辛尊
父丁析子孫卣
中伯壺蓋
父丁觚
史孔小壺
鄭義伯甗
黃中匜
魚父丁觶
舉且丙觶

63848

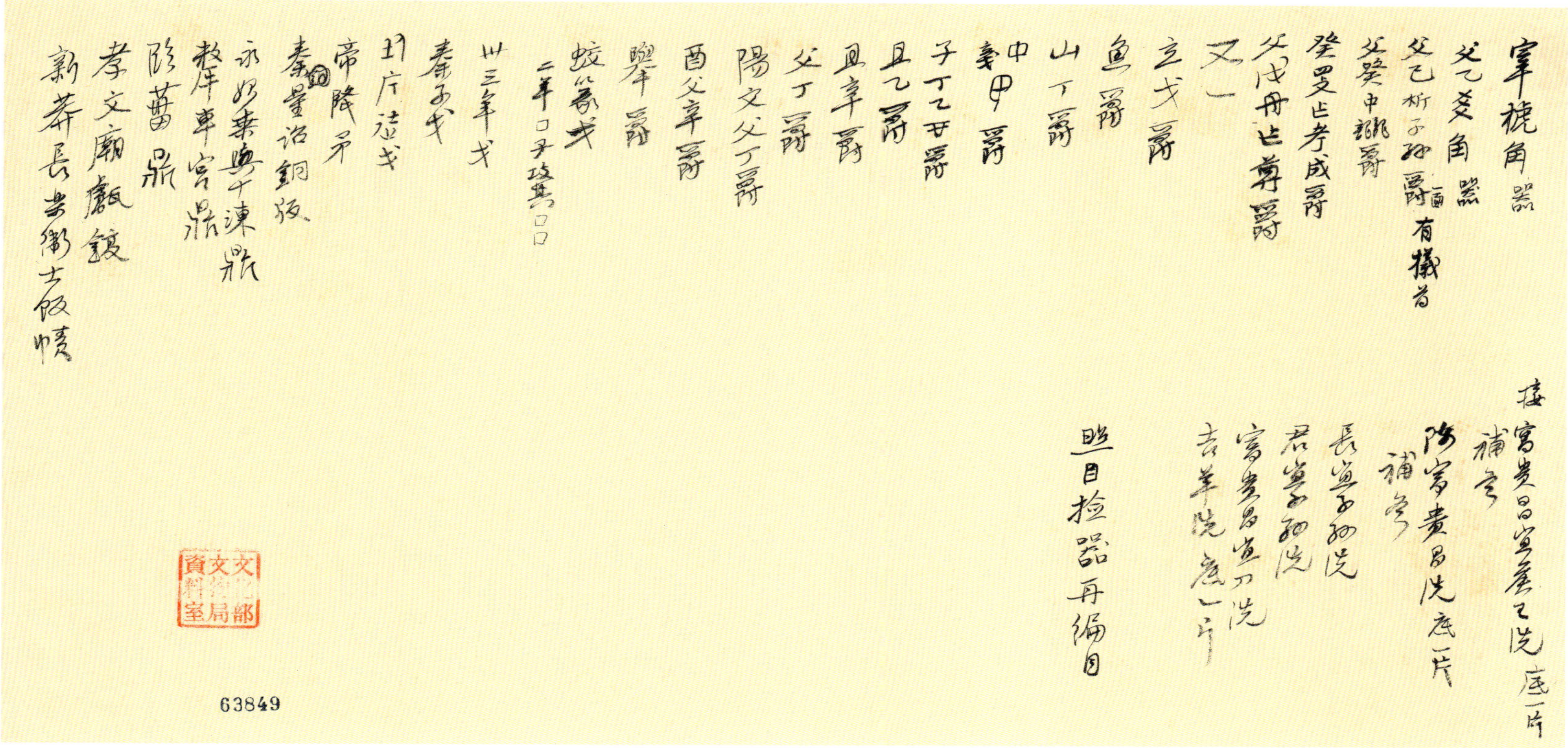

宰椃角
父乙析子孫爵
立戈爵
魚爵
山丁爵
且乙爵
且辛爵
父丁爵
陽文父丁爵
舉爵
卅三年戈
秦量詔銅版
永始乘輿十湅鼎
孝文廟甗鍑
長宜子孫洗
君宜子孫洗
吉羊洗
照目檢器再編目

63849

圖五 《簠齋藏吉金拓片》目録五頁

（一）商周全形拓及文字拓本

《商周彝器全形拓》收録簠齋藏商周彝器一百三十九器的全形精拓本（末附簠齋疑僞三器的全形拓），體現了簠齋藏器的核心面目。其底本主要源自院藏善本《簠齋藏吉金拓片》（登録號 00995）。筆者認爲，此部圖籍當是簠齋本人存留的藏器全形拓圖檔，非常珍貴。這一推斷有以下依據：

第一，裝幀考究精美。全套五册，書衣木框錦緞面封護，内葉以紙墩製成折葉，每器墨拓對開托裱其上。

第二，有墨筆行書於毛邊紙的器目五紙（圖五）。其中，有的器名下用雙行小字標注該器的來源、出土地、真僞意見等。有二紙的篇末還分别寫道：「照目撿器再編目。」「全圖必以粟園爲宗而更求精。」從上述信息及書寫筆迹來看，此五紙當是簠齋手書草目。

第三，五紙目録所列之器與拓本基本對應，總計有商周一百三十七器、秦一器、漢二十九器、晉一器以及簠齋疑僞三器。目録中提及一件疑北宋僞器「峦豆，疑宋崇宣器」[一]（圖六），另兩件疑僞器見於折葉背面題記。

第四，有兩册在折葉背面有墨書題記，記器名、頁碼（從二至八七），有的還注明器的來源、辨僞意見。寫有「劉」字的，是得自劉喜海舊藏，計有二十一器，其中二器題寫的鑒定意見分别是「益公鐘 疑陝僞」、「雙耳壺字僞」（圖三、圖四）；另寫有「葉」字的，是得自葉志詵舊藏，有師寰敦、丙申角。

第五，拓本製成時間及拓工不一。有一幅在整紙上采用拓與墨描相結合工藝製成的楚公豪鐘（中者）圖，係六舟拓（鈐印「六舟手拓」）（圖七）。其傳拓工藝與審美風格與册中的兮仲鐘等拓本不同。還有一幅「頌毁」文字拓本鈐印「陳粟園手拓」（圖八），爲陳畯所拓。這兩幅當是簠齋四十二歲之前居京期間，與六舟、陳畯交往時留下的早期拓本。同治十年後，簠齋在經歷青齊亂世後，決意將所藏以傳拓方式來保存傳播，便持續延請拓工助拓，在全形拓工藝上，采用陳畯的分紙綴合拓法，而更求精。册中有一幅楚公豪鐘（中者）文字拓，便是出自簠齋之手[二]（圖九）。

據此，筆者推斷此套拓圖當是簠齋選編、具有記録和保藏性質的一部吉金全形拓圖檔。這些拓本非常珍貴且稀見，呈現了簠齋眼中吉金所具有的端莊、文雅和古樸的氣韻。

本次輯刊的簠齋全形拓《商周兵器》，有戈、戟、劍、矛等六十六器，不僅數量齊全，且每器皆拓兩面，拓工精雅（圖十）。拓本的底本主要源自院藏圖籍《簠齋藏銅器拓片》（登録號 01027）。

簠齋重視三代金文，强調精拓多拓以傳世。此次輯刊的《商周彝器文字拓》有一百九十九種金文精拓本，其中部分彝器殘片的文字拓，是《商周彝器全形拓》中所没有的。文字拓的底本亦主要源自院藏圖籍《簠齋藏銅器拓片》（登録號 01027）。

（二）秦詔量權拓本

簠齋收藏秦器，源於他對開後世小篆之始的秦相李斯遺迹的看重。簠齋最早所得秦器是道光二十三年（一八四三）獲藏的一塊出自關中的秦詔銅版，同出的另外四塊歸劉喜海。同治五年（一八六六），劉氏的四塊舊藏亦歸簠齋。他認爲銅詔版是嵌於木量的遺存，詔字爲李斯之迹。之後的八九年間，簠齋又陸續入藏了秦始皇及二世詔字的木量銅詔版、鐵權和銅量，這大大激發了他欲集秦相李斯之迹以成大觀的迫切願望。他認爲秦金石文字「雖不及鐘鼎文字，然暴秦忽焉，柔豪之法，實始於斯，不可不重也」[三]。

簠齋的秦詔文字收藏中還有一種作爲量器的陶器，即瓦量。他對秦瓦量的辨識和定名，在其《秦詔瓦量殘字》拓本册的光緒三年（一八七七）「丁丑七月十六日」長題中有詳細記載（圖十一）。他還在光緒三年七月七日將新得的「秦始皇瓦量殘字四片拓四」寄贈吴大澂[四]。此後幾年間，簠齋又陸續入藏了一些秦詔瓦量殘片，如光緒四年十月收得兩片[五]。他收藏秦詔瓦量的總數，據現存多個拓本册的對勘來看，共有三十三種。

院藏簠齋秦詔量權拓本比較齊全，現輯入《秦詔量權》中的有鐵權及權版、木量銅版、瓦量殘片等四十三器的四十六幅拓本。

（三）漢器、銅鏡及泉布泉範拓本

簠齋收藏的漢器主要有鼎、甗鍑、鐙、洗等，兵器主要是弩鐖，還有作爲車飾的青銅構件等。簠齋認爲「漢器之銘無文章，記年月、尺寸、斤兩、地名、器名、官名、工名而已」。從文獻價值來看，漢器並不是簠齋關注的重點，但他仍能發現一些製器新奇或有代表性的器物，並結合典籍進行考證闡釋，如《漢鐙考記》[六]。同治十一年九月二日簠齋致吴雲札之附箋云：「余新得綏和鴈足鐙，因集所藏所見之鐙爲考説，並刻所藏漢器精者爲圖説之。」[七]此次輯入《漢器》的五十三幅拓本，其底本主要源於院藏《簠齋藏吉金拓片》（登録號 00995）和《陳簠齋吉金文字》（登録號 440238）。

[一] 此器全形拓背面題「峦豆」。
[二]「楚公豪鐘（中者）」拓本有鈐印「陳壽卿手拓吉金文字」、「陳氏吉金」、「陳介祺所得三代兩漢吉金記」。
[三] 簠齋同治十三年四月八日致吴雲札，《秦前文字之語》第二五三頁。
[四] 簠齋光緒三年七月七日致吴大澂札，《秦前文字之語》第三〇六頁。
[五] 見簠齋光緒四年十月九日致吴大澂札：「唯又同得秦瓦量詔字殘片二爲快。」《秦前文字之語》，第三二一頁。
[六] 見《陳介祺手稿集》第二册中的「漢器金文考釋」部分，第五六五頁。
[七]《秦前文字之語》，第二二四頁。

圖六　簠齋疑僞器宗豆全形拓、背面題記、目録所列條目

圖七　西周晚期楚公豪鐘（中者）全形拓及「六舟手拓」印

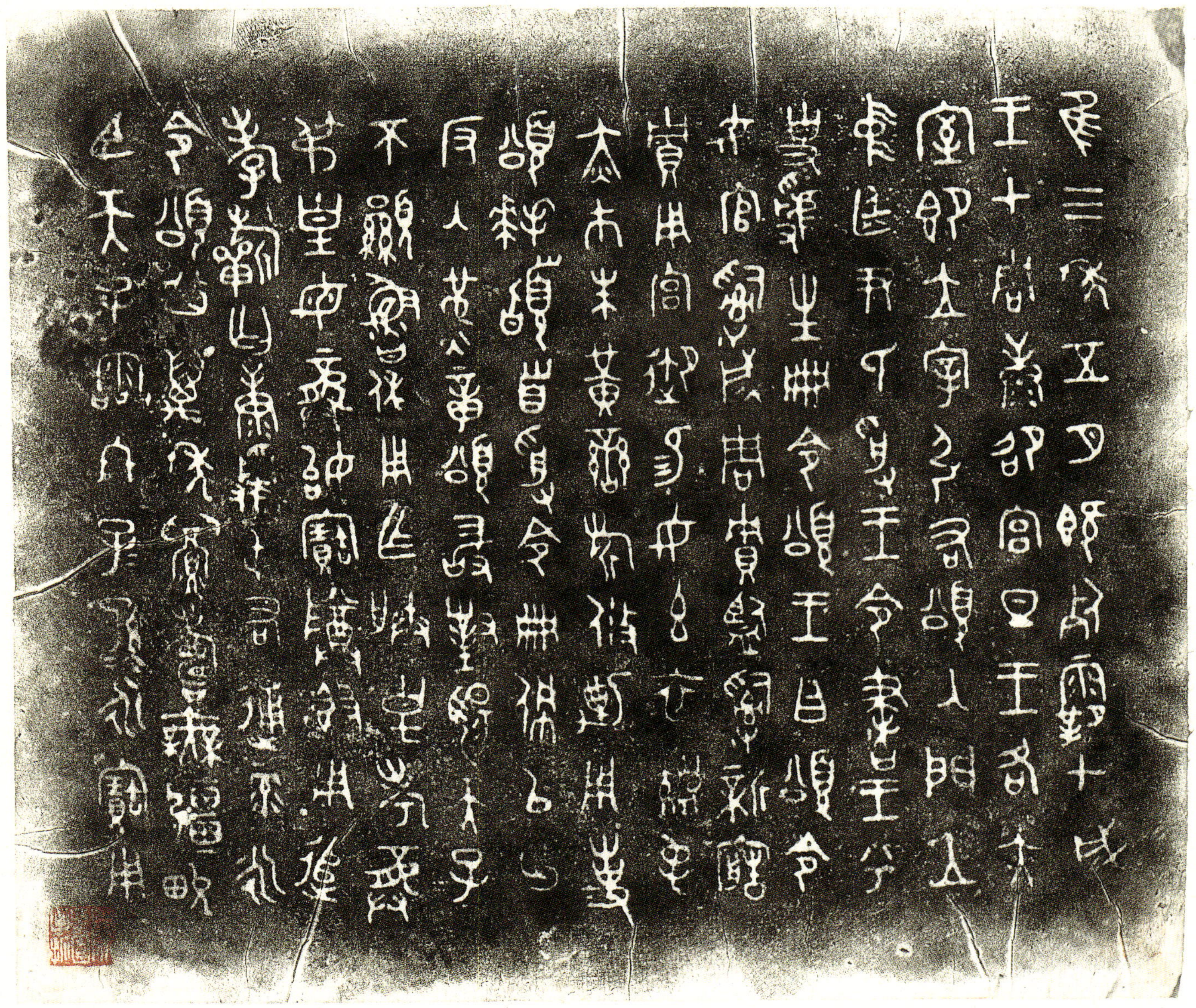

圖八　西周晚期頌毁全形拓及「陳粟園手拓」印

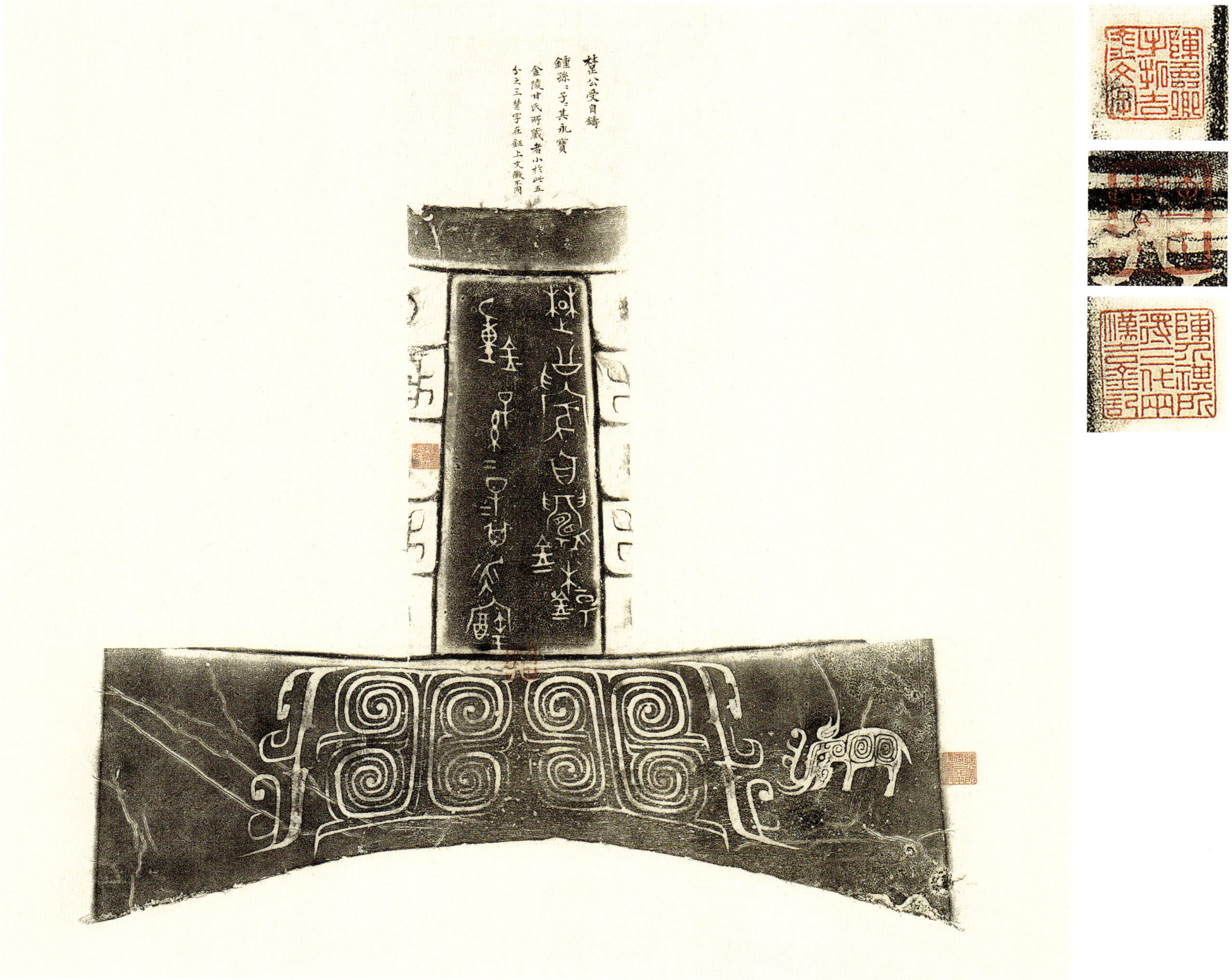

圖九　西周晚期楚公豪鐘（中者）文字拓及簠齋鈐印

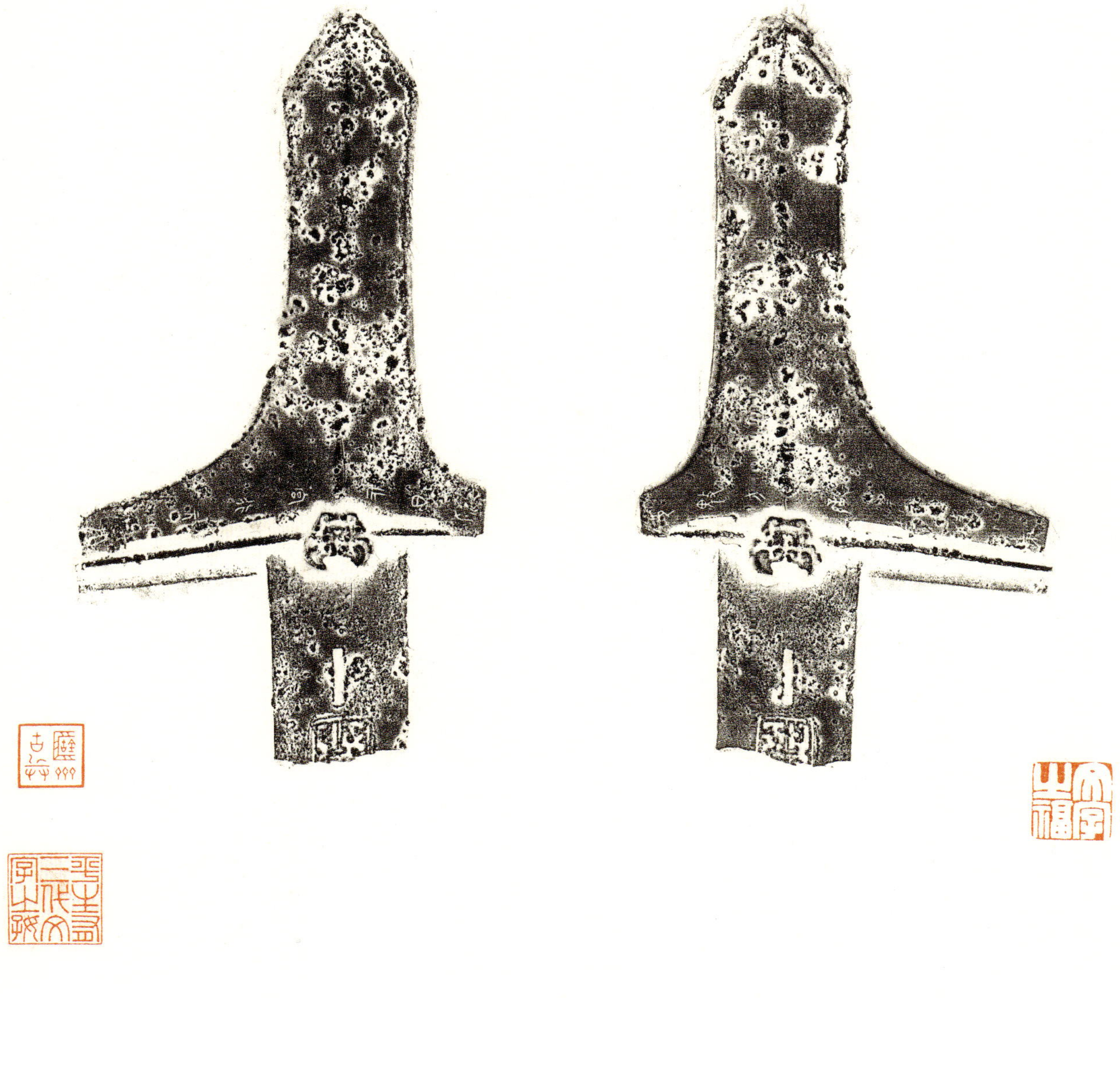

圖十　春秋早期梁伯戈拓本

余嘗得秦始皇詔刻字殘瓦一疑爲宮瓦今又得殘瓦四
其三器口完然定爲瓦量古瓦器皆計所容以準度量
此詔施於瓦器非量而何字在器頸二字一行當二十行四瓦
似同而非一器頸圜故鑄二行四字銅印陶成加印于泥然後
入火土金木之生氣火鍊至竭則不敝故塼瓦之堅者字每
如新秦無文字又十五年即亡斯書爲柔豪之祖傳世至
少余卅年來大集秦金安於泰山瑯邪訪秦石數字而不得
以秦瓦當數百自慰不意今竟獲瓦詔字與石同不在泰
山瑯邪二刻下秦之文字亦於斯爲盛矣複案皆刻字詔
瓦其上亦似器口三字一行當十四行末行一字字大于四瓦似
書于器上刻者尤見筆法乃悟以瓦形核之皆可得器口圜
徑大然未也　光緒丁丑七月十六日己巳海濱病史記

圖十一　秦詔瓦量殘片拓本及題記

圖十二　漢代日光草葉鏡拓本

銅鏡是簠齋收藏的品類之一，曾自名「二百竟齋」。據陳進先生家藏本《鏡拓全目》所記銅鏡有二百枚。此次輯入《銅鏡》的拓本有一百六十九種，主要是兩漢時期遺存（圖十二）。

簠齋因重視古文字而延伸到對古泉的關注，對於古泉重研究而少收藏。他在同治十三年七月十一日、十月十三日致鮑康札云：「弟不收泉而言泉，蓋推三代文字及之，他則仍不求甚解也。」[一]「古化究下古器一等，以非成章之文，且有出工賈之手者，然猶是秦燔前古文字真面目，故不能不重，精刻傳之。」[二]他對古泉的研究體現在對老友李佐賢《古泉匯》的批校上，亦散見在與鮑康的通函中。他很關注當時各家所藏，甚至期望合諸家古貨集拓精刻公世[三]。本次輯入《泉布泉範》的拓本，是簠齋所藏的新莽十布六泉，其中六泉一套，十布兩套。這與光緒二年（一八七六）五月廿五日簠齋致吴大澂札中所記基本吻合，「敝藏六泉全一而有未精，十布全者二而有餘」[四]。

關於簠齋藏範，民國七年（一九一八）鄧實《簠齋吉金録》中影印了鄒壽祺藏銅範拓本六十七幅、鐵範一幅。鄒壽祺題記云：「簠齋藏貨範千餘，嘗以名居曰『千貨範室』。余所見有二十餘册，皆土範也。此銅範六十七紙、鐵範一紙，傳拓極少。庚戌立夏日杭州鄒壽祺得于中江李氏。」此次輯入《泉布泉範》的是銅範拓本，有四十九幅（圖十三）。

（四）瓦當、古磚及古陶文拓本

簠齋經年所藏秦漢瓦當的數量，據陳氏家藏《瓦拓全目》（陳進藏）有九百二十四種，其中殘瓦頗多。院藏圖籍《秦漢瓦當拓本》（登録號 420727）中有瓦當拓片五百九十五種，本次從中選擇拓瓦相對比較完整，其刻字或紋樣亦較有特點的輯入《瓦當》拓本中（圖十四）。

簠齋藏磚的數量，從陳氏家藏《專拓全目》（陳進藏）看，有秦漢至南北朝古磚三百二十三種。院藏圖籍《陳簠齋藏磚》（登録號 440249）中有磚拓四十種，輯入《古磚》拓本中（圖十五）。

簠齋在光緒年間首先發現了古陶文，並收藏了大量齊魯一帶的陶文殘片。他於光緒四年（一八七八）二月十七日致吴雲札時，寄贈了所拓三代古陶文字全份二千餘種。同年四月四日簠齋致吴大澂札云：「古匋拓已將及三千，如有欲助以傳者，乞留意。」光緒六年簠齋作對聯稱所積藏的齊魯陶文有四千種，至光緒九年（一八八三），題云「陶文今將及五千」。簠齋是發現、積藏和研究陶文的第一人，他曾感慨：「三代古匋文字，不意於祺發之，三代有文字完瓦器，不意至祺獲之，殆祺好古之誠有以格今契古而天實爲之耶。」[五]對於古陶文字，簠齋總結道：「古匋文字不外地名、官名、器名、作者、用者姓名與其事其數。」[六]此次所輯《古陶文》中有三千七百五十二種拓片，底本源自院藏圖籍《三代古陶文拓片輯存》（登録號 01469）（圖十六）。

四、結語

金石器作爲一種文化遺存，在清代中晚期得到阮元、張廷濟、劉喜海等文人仕宦收藏家的高度重視，而晚清陳介祺的藏器品種之富之精最爲時人稱賞。更難能可貴的是，他傾心致力於金石器的考釋、研究和傳承，發展了記録保存金石器圖文信息的傳拓工藝，留下了盡可能多的、精工雅致的金石文字拓本和吉金全形拓本。簠齋求真求精的傳古觀念，以及爲文存真影、爲器傳神形的傳古實踐，極大地豐富了傳統金石學的內涵，尤其是他的全形拓將青銅彝器的圖像表現力推向了兼具器之真形與藝術審美的新高度。

筆者有幸有緣得以親近先賢簠齋的手稿、墨拓等諸多遺存，深感其治學的嚴謹，與同好交流的坦誠，對「真」「精」傳古觀念的秉持不怠，以及傳拓實踐上的創新和行動力。如今歷經數年的整理、研究和編纂，繼二〇二三年《陳介祺手稿集》刊佈之後，由院藏拓本纂輯而成的《陳介祺拓本集》（十種），亦將陸續公之於世。在此，首先要感謝中國文化遺産研究院各級領導將「院藏陳介祺金石學資料整理研究」納入二〇一七—二〇一九年的院科研課題（編號 2017-JBKY-13），感謝吴家安、喬梁、陸明君、曾君、劉紹剛等專家學者在課題立項或結項時給予的幫助和指導。在課題研究及後續準備出版的過程中，筆者時常請教簠齋七世孫陳進先生，陳先生退休後始致力於簠齋相關資料的搜集、整理和研究，他總是熱情接待並加以指導，還提供了家藏毛公鼎初拓本、簠齋藏器目等珍貴資料；王澤文先生對商周吉金銘文進行了審訂；這期間還得到鄭子良、黨志剛、沈大娟、張洪雷、王允麗、葛勵、苑園、曹雨芊、宮垚、李賀仙、魏宏君等友人的協助，在此表示衷心感謝！當然，本書的最終面世還要感謝中華書局領導的支持，以及責任編輯許旭虹和吴麒麟、美術編輯許麗娟的精誠合作！書中有不妥之處，敬請方家指正。

中國文化遺産研究院　赫俊紅

二〇二四年四月十五日　初稿

二〇二四年九月二十日　定稿

[一]《秦前文字之語》，第一九四至一九五頁。
[二]《秦前文字之語》，第二〇〇頁。
[三] 簠齋光緒元年七月廿六日致鮑康札，《秦前文字之語》，第二〇六頁。
[四]《秦前文字之語》，第三〇〇頁。
[五] 簠齋光緒三年八月廿四日致吴大澂札，《秦前文字之語》，第三一〇頁。
[六] 簠齋光緒四年二月廿七日致吴大澂札，《秦前文字之語》，第三一七頁。

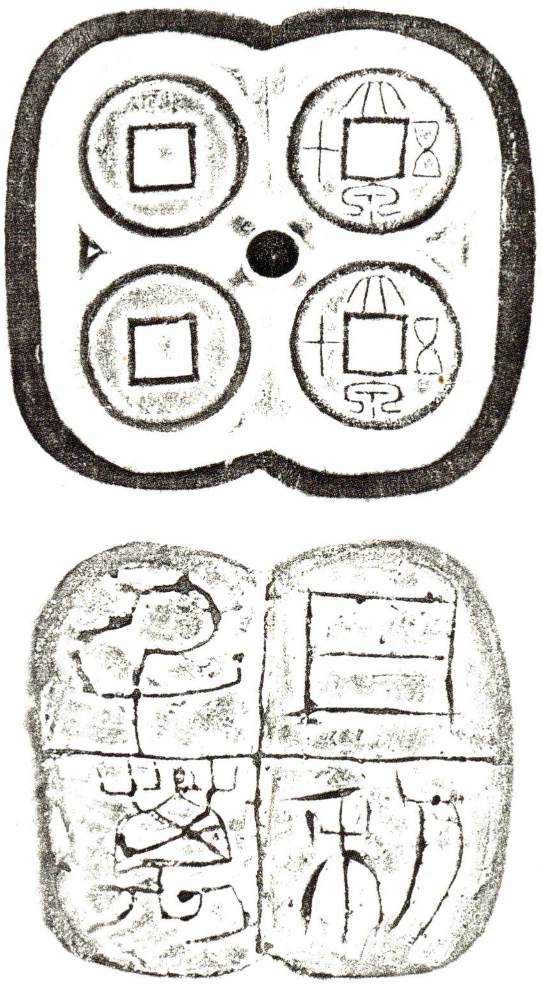

圖十三　新莽時期大泉五十銅範正背面拓本

圖十四　秦瓦當拓本

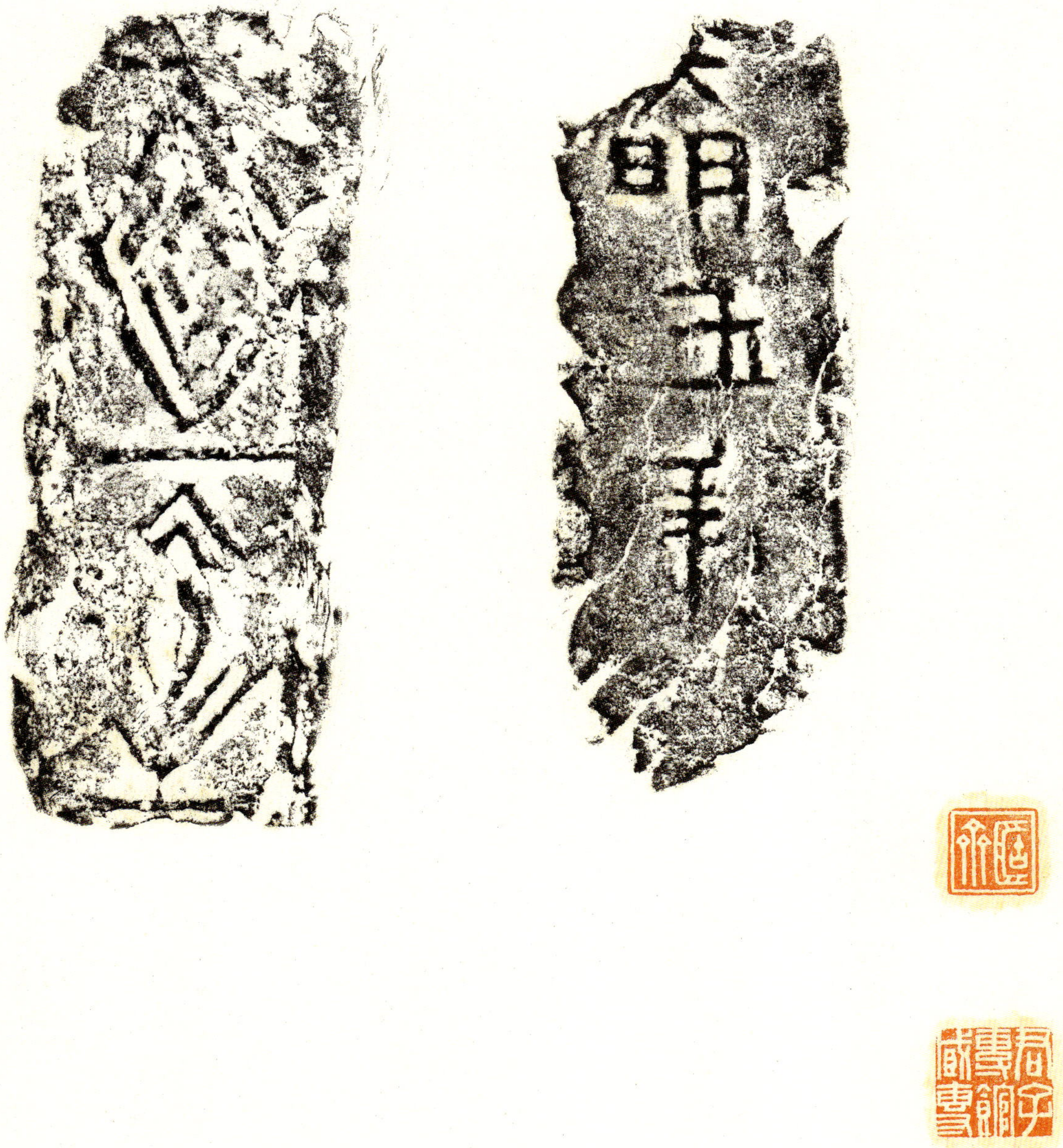

圖十五　南朝宋大明五年磚拓本

圖十六　古陶文拓本

秦詔量權

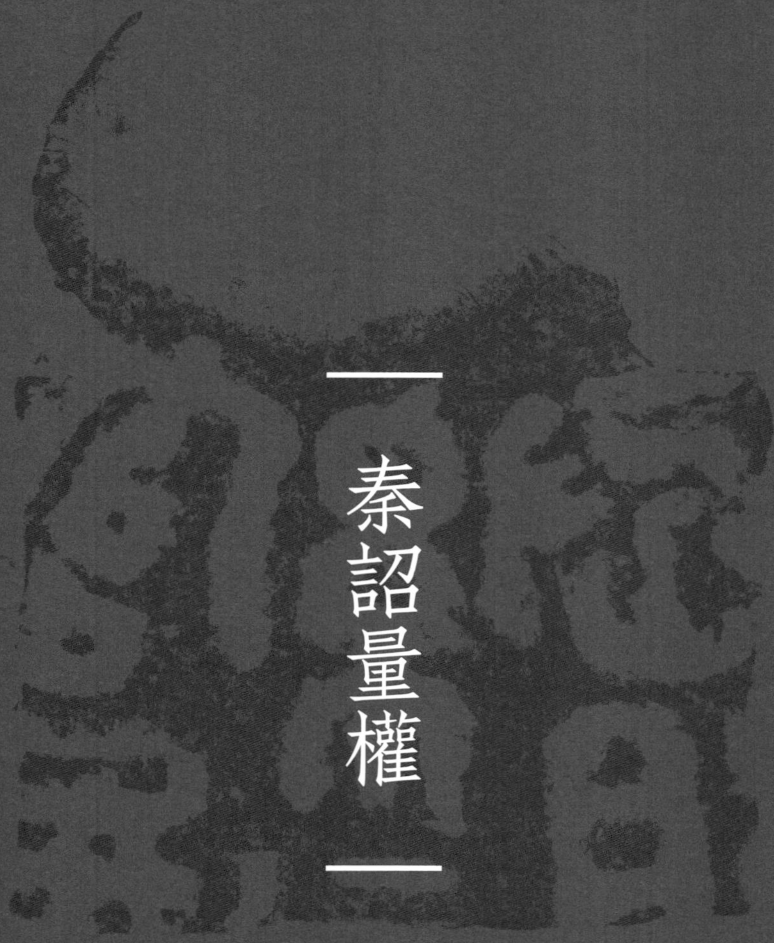

目録

編例		一
鐵權 權版		
一	秦始皇詔銅版鐵權 440029.16	〇二
二	秦始皇詔鐵權銅版 00930.qql.8	〇三
三	秦始皇詔鐵權銅版 440029.02	〇四
四	秦始皇詔鐵權銅版陰 00930.qql.1	〇五
五	秦始皇二世兩詔鐵權銅版 440029.01	〇六
六	秦始皇二世兩詔鐵權銅版陰始皇詔字 00930.qql.3.2	〇七
銅量		
七	秦始皇詔二世詔銅量 00930.qql.9	一〇
木量銅版		
八	秦始皇詔木量銅版 00930.qql.2	一四
九	秦二世詔木量銅版 00930.qql.4	一五
一〇	秦二世詔木量殘銅版 00930.qql.6	一六
一一	秦二世詔木量殘銅版 00930.qql.7	一七
一二	秦二世詔木量銅版 440029.03	一八
一三	秦二世詔木量銅版 00995.5.24	一九
瓦量殘片		
一四	并兼/下諸/黔 00129.01	二二
一五	帝盡/并兼/天/諸 00129.02	二四
一六	壹歉/疑者/皆明/之 00129.03	二五
一七	并兼/天下 00129.04	二六
一八	則/壹 00129.05	二七
一九	廿六/年皇 00129.06	二八
二〇	廿六/年皇 00129.07	二九
二一	爲皇/帝乃/詔丞 00129.08	三〇
二二	詔丞 00129.09	三一
二三	綰法/度量/則 00129.10	三二
二四	綰/度量/則不 00129.11	三三
二五	綰法/度量 00129.12	三四
二六	壹歉/疑者/皆 00129.13	三五
二七	不/歉 00129.14	三六
二八	黔首/大安/立號/爲皇 440272.06	三七
二九	帝/詔/相 440272.07	三八
三〇	狀/綰法/度量/則不 440272.08	三九
三一	壹/疑者/皆明/壹之 440272.14	四〇
三二	廿六/年皇 440272.15	四一
三三	廿六/年皇/帝盡/并兼 440272.17	四二
三四	廿/年皇 440272.18	四三
三五	廿/年 440272.19	四四
三六	并/天下/諸侯/黔首/大安/立號 440272.20	四五
三七	諸侯/黔首/大安 440272.21	四六
三八	大/立號/爲皇 440272.22	四七
三九	帝/詔/相狀/綰法/度 440272.23	四八
四〇	立號/爲皇/帝乃/詔丞 440272.24	四九
四一	爲皇/帝乃 440272.26	五〇
四二	量/不/歉/者 440272.28	五一
四三	度/則/壹/疑 440272.29	五二
四四	壹歉/疑者/皆明 440272.30	五三

四五　皆/壹之 440272.31　五四

四六　壹歉/疑者/皆明/壹之 440272.32　五五

附録　陳進藏《十鐘山房藏古目》　五七

編例

一、陳介祺收藏的秦詔權量從遺存形制及功用看可分爲鐵權及權版、銅量、木量銅版、瓦量殘片四類，本書即以此四類編次。

二、簠齋藏刻有秦始皇詔銅版的鐵權一，見本書編號一、二的拓本；始皇詔鐵權銅版一，見本書編號三、四的拓本；始皇二世兩詔鐵權銅版一，見本書編號五、六的拓本。據簠齋所記，當時秦銅量有三，好友鮑康、李佐賢、吴式芬各藏一。簠齋在清同治九年（一八七〇）作《利津李太守秦量考》。鮑康藏量，於同治十三年爲簠齋所得，即潘祖蔭以新得空首布四十八易鮑氏銅量，再以量易簠齋之周匜。本書所收銅量拓本（編號七）係簠齋借李氏量而拓。簠齋藏木量銅詔版有五，又於同治十二年癸酉（一八七三）借吴氏者（吴式芬之子遞藏）集而拓之，見本書編號八至一三的拓本。簠齋藏始皇詔瓦量，目前統計有殘片三十三，見本書編號一四至四六的拓本。從製字工藝看，刻字於器再燒製而成者僅一（編號一四），其餘皆先分鑄詔字印（二字一行、四字一印），再施印於泥胎後燒製而成。

三、上述拓本圖版皆源自院藏圖籍《秦詔量權拓本》（登録號 440029）、《陳簠齋先生手稿》（登録號 00930）中的《秦權量銅詔版釋文詩記》、《簠齋藏吉金拓片》（登録號 00995）、《秦詔瓦量殘字》（登録號 00129）、《秦詔量拓片》（登録號 440272，有謝國楨鑒藏印）。此外，彙輯簠齋藏瓦量拓本的院藏圖籍還有《秦詔量古泉拓片》（登録號 440261）、《簠齋精拓秦瓦量詔》（登録號 440790）、《秦瓦量拓片》（登録號 420692）。

四、本書編録內容分圖版和文字著録。文字著録有基本信息、院藏信息、附録等。基本信息包括題名、拓本最大縱横尺寸等。鐵權及權版、銅量、木量銅版的題名以突出器類及遺存特徵爲原則，並附加原拓本的登録號，如「秦始皇詔銅版鐵權 440029.16」，瓦量殘片以所存文字命名；附録主要輯録簠齋的相關認識和見解。

五、參閲書目：

（清）陳介祺著，赫俊紅整理：《陳介祺手稿集》（全四册），中華書局，二〇二三年。
（清）陳介祺著，陳繼揆整理：《簠齋金文題識》，文物出版社，二〇〇五年。
鄧實編：《簠齋吉金録》，民國七年（一九一八）風雨樓影印本。

鐵權 權版

秦始皇詔銅版鐵權／秦始皇詔鐵權銅版／秦始皇詔鐵權銅版／秦始皇詔鐵權銅版陰／秦始皇二世兩詔鐵權銅版／秦始皇二世兩詔鐵權銅版陰始皇詔字

一　秦始皇詔銅版鐵權　440029.16

拓本最大縱横21.8×27.7釐米

此鐵權出山東琅邪間，上有始皇詔刻銅版，簠齋得於清同治十三年甲戌（一八七四）四月

院藏信息

登録號440029.16，一頁

附録

秦㑀古百廿斤石鐵權李斯書詔

同治甲戌四月初五日丁丑，謁靈阡歸，得秦始皇鐵權一，乃古權之石五權之重者。重濰稱五十三斤，當今庫平八百十九兩五錢。以古百二十斤爲石校之，秦之二斤三兩，當今庫平一斤。秦之一斤，當今庫平七兩五錢八分。權嵌始皇詔銅版，係鑿款。其内當夾大字，詔文鑄款。鑄權時先嵌銅版於笵，鑄成，然後書而刻之。云出日照北三十里，俗稱諸葛城地。雖非目覩，然自是琅邪臺迤南之古城所出。始皇三至琅邪，又徙黔首三萬户，必城郭於琅邪、贛榆之間。常曰東南有天子氣，於是因東游以厭之，而不知其在芒碭間也。

參見《陳介祺手稿集》，第五四七頁

秦始皇詔銅版鐵權

昔聞余與燕庭丈所得秦出銅詔版，陰有鑄款大字者，皆鐵權去鐵，鐵上有字痕，以爲歸里不可覩，竟於蘭山沂厈古城址獲此完者，當是百二十斤之石。四周近鐵作深緑色，陰亦當有鑄字。

重今庫平八百十九兩五錢。琅邪所出。

古愚之寶，敝帚千金。有見之二大笑者，此八字之所以云云。

題秦始皇百二十斤石鐵權圖

十鐘主人得之古琅邪間。

關中二權，得者皆去鐵存銅，不知其狀何似，寤寐思之，今竟獲于吾鄉，吾大集斯相書而有以感之邪。

參見《簠齋金文題識》，第九八至九九頁

二

秦始皇詔鐵權銅版

00930.qql.8

拓本最大縱横7×8釐米

此爲出山東琅邪間鐵權之始皇詔銅版，文八行，每行五字，字有漫漶

釋文

廿六年，皇帝
盡并兼天下
諸侯，黔首大
安，立號爲皇
帝，乃詔丞相
狀綰灋度量，
則不壹，歉疑
者皆明壹之。

院藏信息

登録號00930 qql.8：《秦權量銅詔版釋文詩記》圖8，一頁，鈐印：簠齋、秦鐵權齋

登録號44029.6，一頁

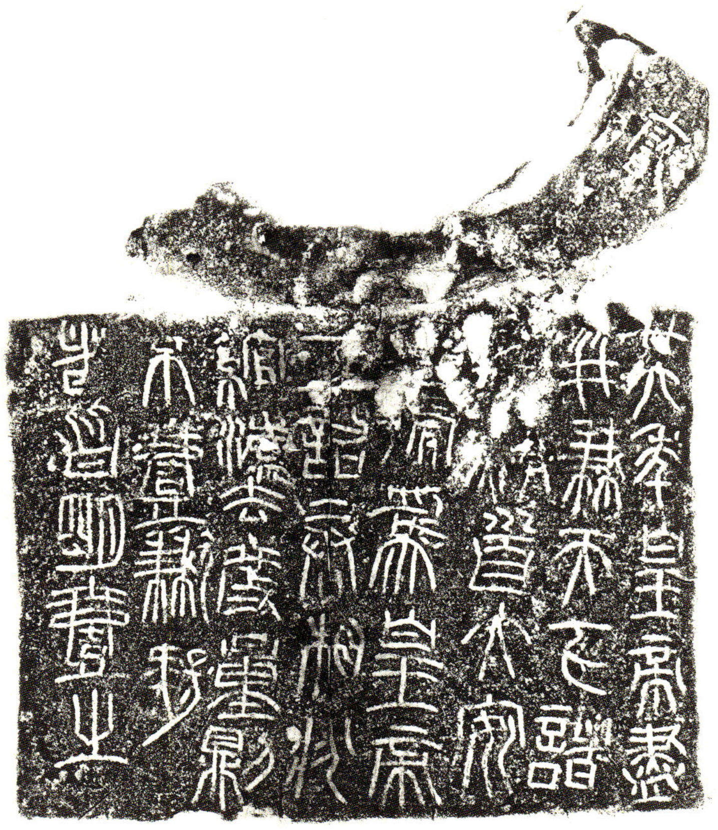

三

秦始皇詔鐵權銅版

440029.02

拓本最大縱横11×9.2釐米
此版清同治十二年癸酉（一八七三）春簠齋得自陝賈蘇億年所寄，版陰鑄款四字

院藏信息

登録號440029.02，一頁

附録

秦鐵權始皇詔銅版釋文
廿六年皇帝盡
并兼天下諸
侯半泐 黔半泐 首大安
立半泐 號半泐 爲皇帝
乃半泐 詔丞相狀狀之名不見史，當即丞相隗林。林，今本譌字也
綰灋度量則綰，丞相王綰也
不壹歉疑
者皆明壹之

鑿款，文八行。一行「廿」至「盡」六字，二行「并」至「諸」五字，三行「侯」至「安」五字，四行「立」至「帝」五字，五行「乃」至「狀」五字，六行「綰」至「則」五字，七行「不」至「疑」四字，八行「者」至「之」五字，共四十字。十鐘主人得之，以冠諸版之上。

鬳。鑿款一，似鬳字，疑是地名，在版上。曲銅。

參見《陳介祺手稿集》，第五一二至五一三頁

秦始皇詔鐵權銅版

百二十斤之石也，鐵不存。

上有鬳字。陰有鑄款，左行，字四，有開國氣象。

鑄款四字，丞相綰灋。器蓋先鑄詔字大版，分以入笵，使鐵入字，鑄成復刻詔于外。

出秦寶雞，或云出醴泉縣北之趙邨。

參見《簠齋金文題識》，第九九至一〇〇頁

四

秦始皇詔鐵權銅版陰

00930.qql.1

拓本最大縱横12×9.2釐米

院藏信息

登録號00930.qql.1：《秦權量銅詔版釋文詩記》圖1，一頁

附録

秦鐵權始皇詔銅版陰詔字

丞相

綰灋

四字，鑄款，乃大書。詔文皆有缺筆，字反書，而官旁獨正書。以詔文計之，蓋三字一行。四十字，當十三四行。每行翦爲兩截，又翦爲一版四字，約共十四版。既將鑿全詔於版面，又慮僞鑿，故先鑄全詔於大版陰，分翦多版，如剖符然，以防奸也。同治癸酉春，關中蘇兆年之弟億年所寄，作書詢其所出之地與用。十一月復云：得之鬻鐵者，云出醴泉縣北趙村土中，銅版在鐵上。

參見《陳介祺手稿集》，第五一四頁

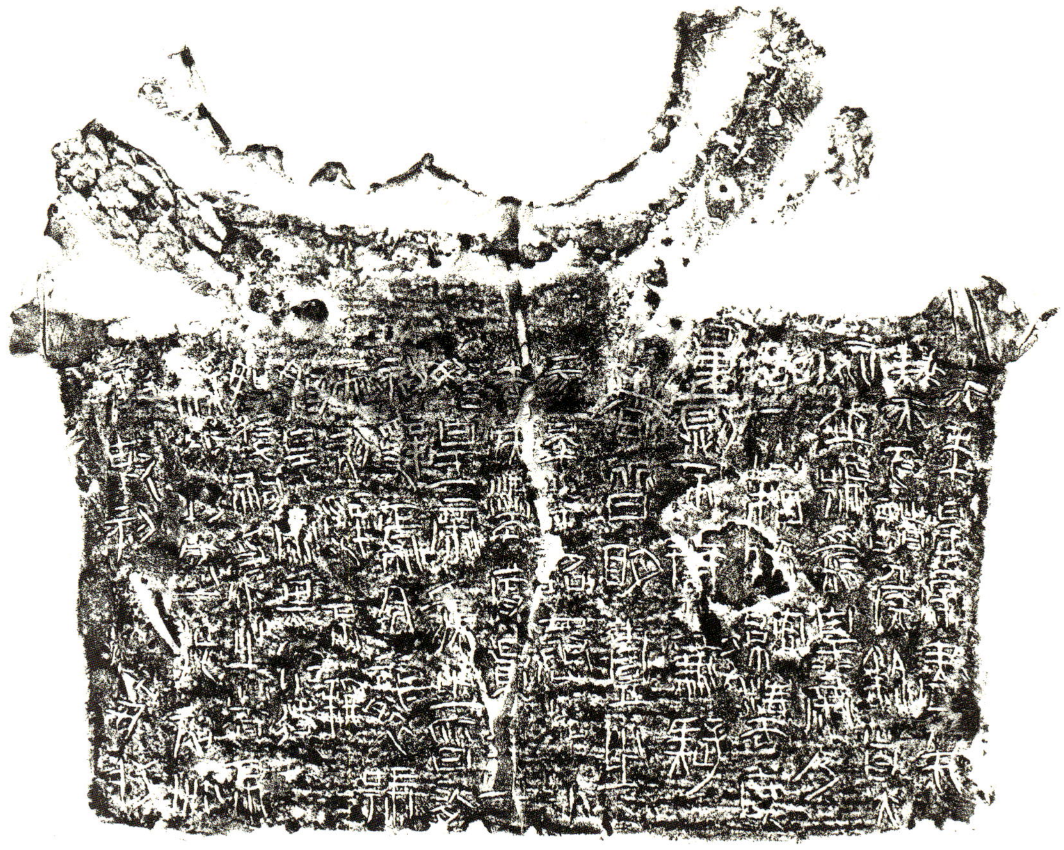

五

秦始皇二世兩詔鐵權銅版 440029.01

拓本最大縱橫11.5×13.3釐米

院藏信息

登録號440029.01，一頁

登録號00930.qql.3.1：《秦權量銅詔版釋文詩記》圖3.1，半頁

附録

秦鐵權始皇二世兩詔銅版

廿至并 一行七字

兼至大 二行八字

安至乃 三行七字

詔至度 四行七字

量至疑 五行六字

以上始皇詔

元至斯 六行七字

此間銅斷爲二

去至量□盡泐 七行六字

始至有 八行七字

刻至號 九行六字

而至稱 十行五字

始至也 十一行八字 久字似脱，也字半泐

如至不 十二行八字

稱至此 十三行七字

詔至疑 十四行七字 左使二字半泐

以上二世詔

版上曲銅，似有十字，又似有筆畫，是記數文。疑此獨爲二世時兩詔同刻之器，不與吴、鮑二量同也。舊爲東武劉燕庭方伯長安獲古，至寶愛之品。同治癸酉冬，蘇億年書云，出寶雞縣寶雞臺土中，在鐵椎上取銅版時用力，折斷爲二。鐵上亦有陽識大字，與陰款字同，似是鎔鐵入版者。椎鐵約重今權三四十斤。購者得之鐵肆，而棄其鐵，極爲憾事。按，《顔氏家訓》：「開皇二年五月，長安民掘得秦時鐵稱權，旁有銅塗鐫銘二所。」其曰「權」，又曰「稱」，蓋一時之語。其云「二所」，蓋即始皇二世兩詔。其云「銅塗」，蓋不知版銅嵌入鐵内相同，似銅塗者。其器正與此同，特彼完而此有缺耳。與余今所得始皇詔，同爲鐵權之版，爲百二十斤之石甚明。而始皇之權無二世詔者，尤爲見黄門之所未見，千載後真有厚幸。辛巳十二月立春先二日庚寅海濱病史記。

參見《陳介祺手稿集》，第五一八至五二一頁

秦始皇詔二世詔鐵權銅版

百二十斤之石五權重者。

上有十字一，陰有右行大字六。秦出，見《長安獲古編》。

劉燕庭方伯《長安獲古》至寶愛之品。

出寶雞縣寶雞臺土中。

此即顔黄門《家訓》所記，開皇二年長安民掘得秦時鐵稱權，旁有銅塗鐫銘二所者也。

此似二世時作，非刻於始皇器者。

參見《簠齋金文題識》，第一〇〇頁

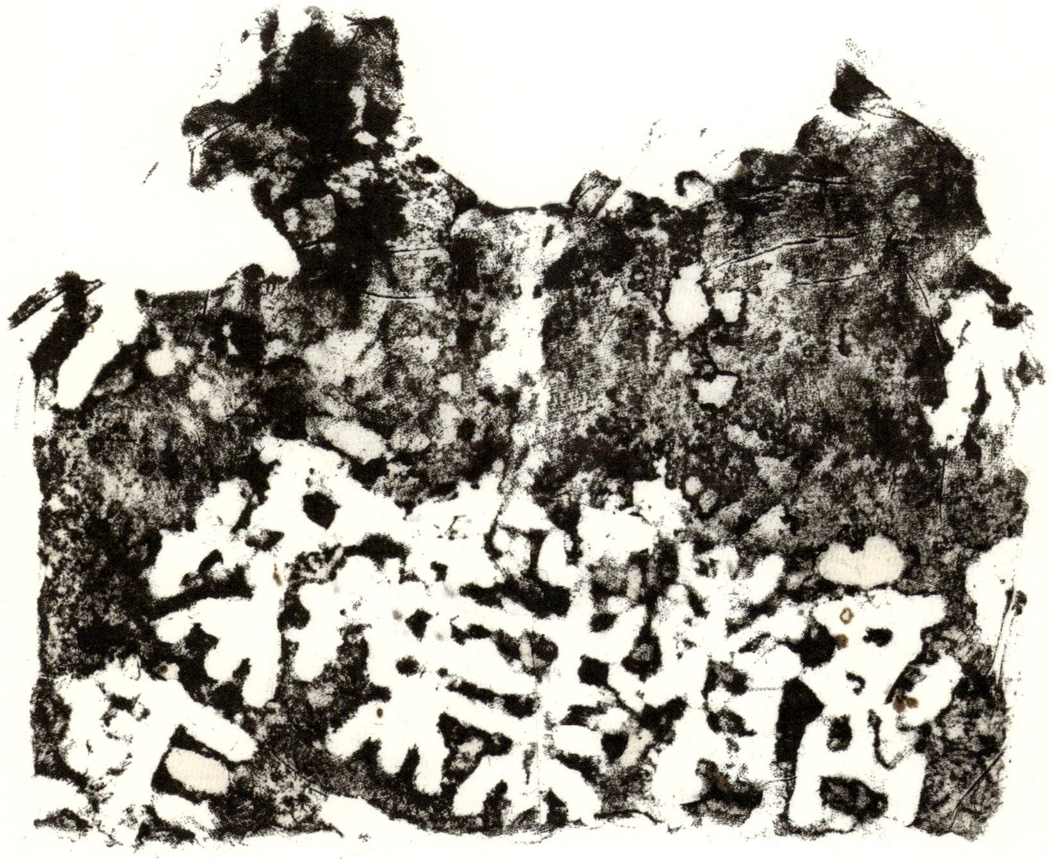

六

秦始皇二世兩詔鐵權銅版陰始皇詔字

00930.qql.3.2

拓本最大縱横11.7×13.5釐米

院藏信息

登録號00930.qql.3.2：《秦權量銅詔版釋文詩記》圖3.2，半頁

附録

秦鐵權始皇二世兩詔銅版陰始皇詔字

首 五行下翦缺

諸 四行

兼天 三行下翦缺

帝盡 二行下翦缺

此有空半行處

廿 一行下翦

鑄款，大書。始皇詔存七字，三字不完，反書，左行，亦三字一行，首行四字，其剖版之數當亦十四。

參見《陳介祺手稿集》，第五二二頁

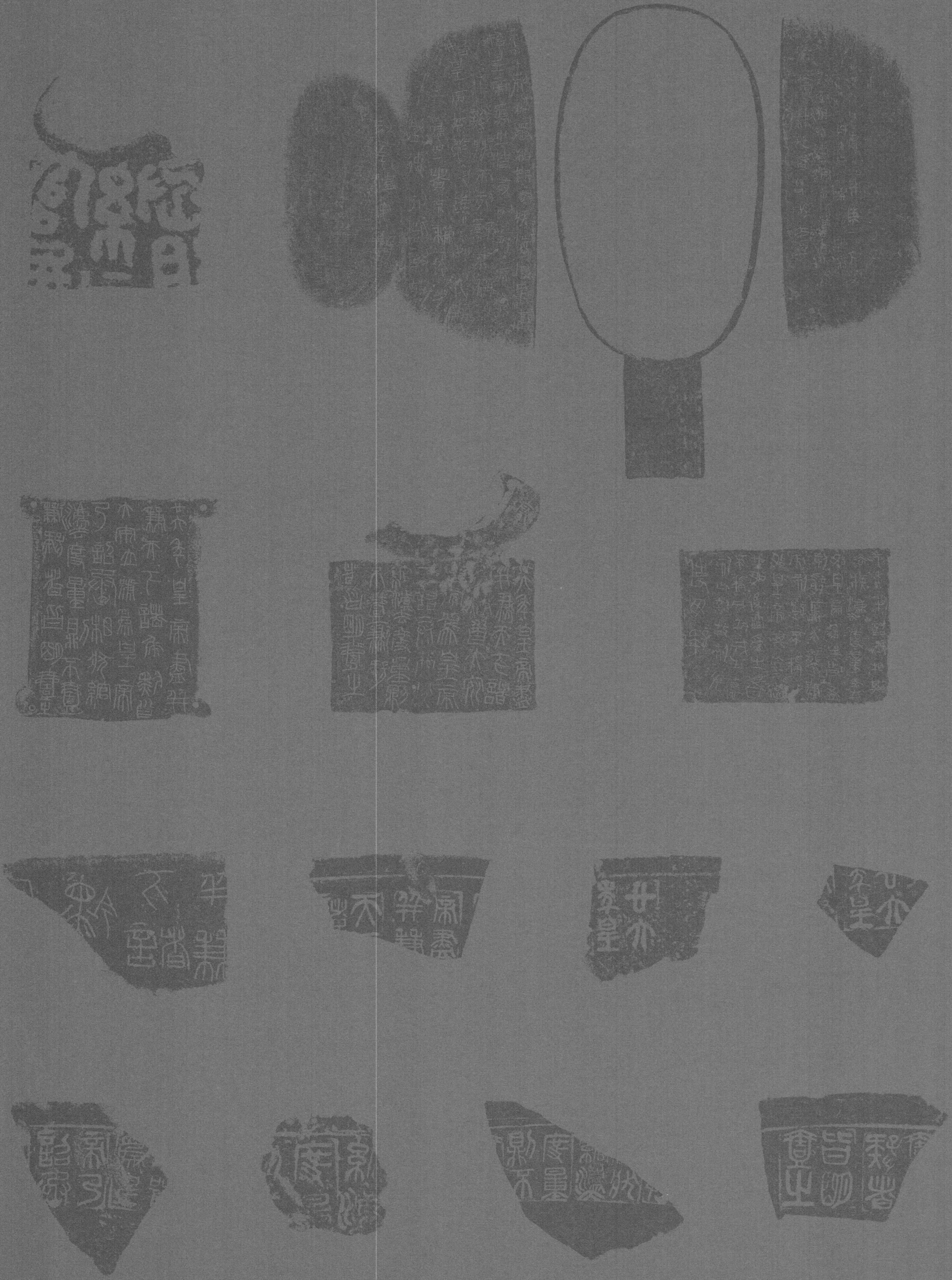

銅量

秦始皇詔二世詔銅量

七

秦始皇詔二世詔銅量 00930.qql.9

拓本最大縱橫23.8×29.9釐米

此量係李佐賢所藏

院藏信息

登録號00930.qql.9：《秦權量銅詔版釋文詩記》圖9，一頁

附録

利津李太守秦量考

利津李竹朋太守藏秦銅器一，右側刻始皇廿六年詔四行，左側刻二世元年詔，連器底一行，共七行。以建初尺度之，並柄長徑一尺弱，去柄徑七寸五分，横徑四寸五分，柄寬一寸五分，高二寸七分。底徑五寸，横徑二寸三分。器形似勺，作長圓式，與予所存新莽地皇上戊二年長樂衛士銅飯幘相彷彿。底平棱圓。柄，平上，圓下，空中。旁有一穿，當是削木入柄而杙貫之，便於執持，以量米入斗斛者。器舊無名，余謂此五量之一也，當名爲量。（下略）

參見《陳介祺手稿集》，第四八四至四八八頁

秦始皇詔二世詔銅量 李氏

借拓之竹朋汀守。施瀛堂故物，阮書當即此。始皇詔刻右，二世詔刻左及底。容上此二分半之一分，鮑氏量容此二又半也。

參見《簠齋金文題識》，第一〇二頁

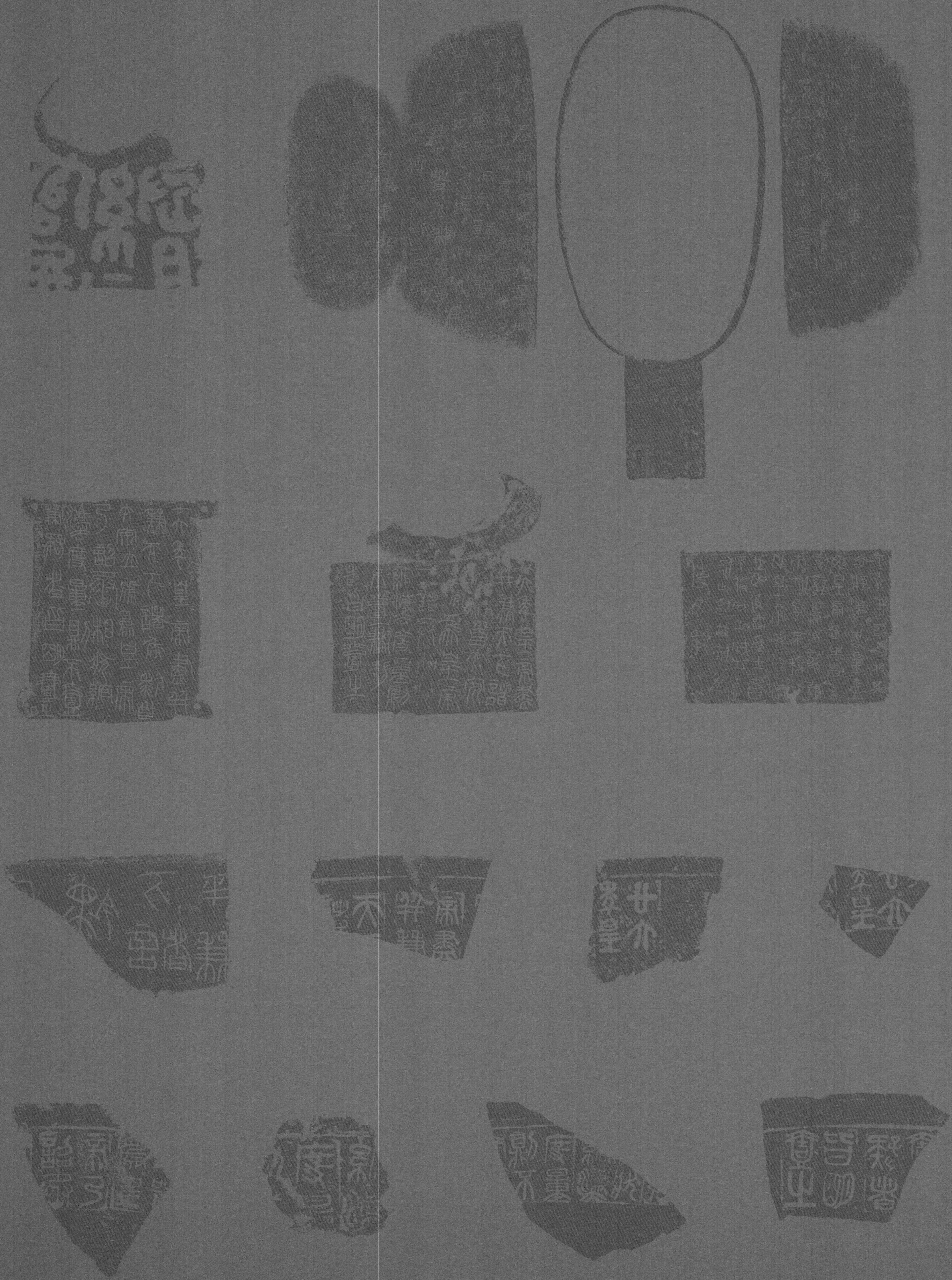

木量銅版

秦始皇詔木量銅版／秦二世詔木量銅版／秦二世詔木量殘銅版／秦二世詔木量殘銅版／
秦二世詔木量銅版／秦二世詔木量銅版

八

秦始皇詔木量銅版

00930.qql.2

拓本最大縱横9.4×8.1釐米

此版簠齋於同治六年丁卯（一八六七）夏得自陝賈蘇兆年，有始皇詔，字六行

院藏信息

登録號00930.qql.2：《秦權量銅詔版釋文詩記》圖2，一頁

登録號440029.09，一頁

附録

秦木量始皇詔銅版 全文見前

廿至并 一行七字

兼至首 二行七字

大至帝 三行七字

乃至綰 四行六字

灋至壹 五行六字

歉至之 六行七字

版平，四角横出，有穿，疑用以釘於木量。簠齋丁卯夏得之蘇兆年。惟此二版專爲始皇詔。蘇億年云，同治間征人得之今平涼地。

參見《陳介祺手稿集》，第五一六頁

秦始皇詔木量銅版

以四角有穿，定爲木量版。秦出。斯篆，銅版與琅邪片石並峙。

巋然片銅，可作琅邪巨石讀矣。

始皇文字惟此與二鐵權、三銅量、九字殘版而已。

參見《簠齋金文題識》，第一〇二頁

簠齋同治六年（一八六七）得之陝賈蘇兆年，版有始皇詔，字六行。

簠齋云「此詔文字精絶，當爲相斯手蹟」。

參見鄧實編《簠齋吉金録》第五册

九

秦二世詔木量銅版

00930.qql.4

拓本最大縱橫9.7×6.7釐米

此版簠齋得自劉喜海舊藏，有二世詔，字六行

院藏信息

登録號00930. qql.4：《秦權量銅詔版釋文詩記》圖4，一頁

登録號44029.07，一頁

附録

秦木量二世詔銅版

元年制詔丞相斯去疾灋 一行十字

度量盡始皇帝爲之皆有 二行十字

刻辭焉今襲號而刻辭不稱 三行十一字

始皇帝其於久遠也如後 四行十字

嗣爲之者不稱成功盛德 五行十字

刻此詔故刻左使毋疑 六行九字

版後有横陷，如流，亦嵌木之用。文六行，共五十九字（編者注：當爲六十字）。東武劉氏故物。

參見《陳介祺手稿集》，第五二四頁

秦二世詔木量銅版

背有陷，當亦入木者，見劉書。

參見《簠齋金文題識》，第一〇三頁

一〇 秦二世詔木量殘銅版 00930.qql.6

拓本最大縱横9.9×7.8釐米

此版簠齋於同治五年丙寅（一八六六）夏得自劉喜海舊藏，

有二世詔，字八行，版有缺損

院藏信息

登録號00930.qql.6：《秦權量銅詔版釋文詩記》圖6，一頁

登録號440029.04，一頁

附録

秦木量二世詔殘銅版 全文見前

元至去 一行八字

疾至帝 二行八字

爲至襲 三行九字

號至帝 四行九字

□其□於□久遠半缺 至嗣 五行八字 殘三字半

□爲□之□者不至盛 六行八字 殘三字

□德□刻此半缺 至使 七行八字 殘二字半

□毋□疑 八行二字 缺

版四角直出，皆有穿，亦嵌木之用。版文中之精美者。

東武劉氏故物，同治丙寅得之。

參見《陳介祺手稿集》，第五二八至五二九頁

秦二世詔木量殘銅版

四角有穿，缺一，損字八又二半。篆刻之美者。見《長安獲古編》。

參見《簠齋金文題識》，第一〇三頁

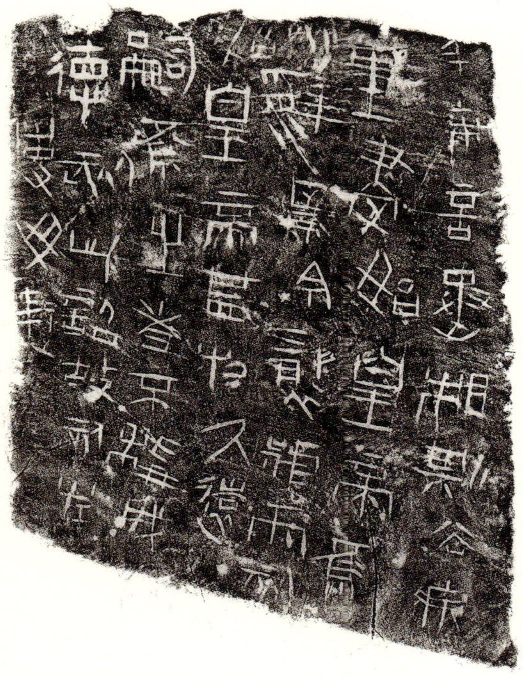

一一

秦二世詔木量殘銅版

00930.qql.7

拓本最大縱横8.8×6.7釐米

此版爲吴重憙家藏，有二世詔，字七行，有缺損。

簠齋於同治十二年癸酉（一八七三）借拓之

院藏信息

登録號00930.qql.7：《秦權量銅詔版釋文詩記》圖7，一頁

登録號440029.05，一頁

附録

秦木量二世詔殘銅版 全文見前

□元□年 半缺 制至疾 一行約九字

□瀇□度量至爲 二行約八字

□之□皆□有□刻 半缺 辭至刻 三行約十一字

□辭□不□稱□始 半缺 皇至遠 四行約十字

□也□如□後嗣至成 五行約十字

□功□盛德至左 六行約九字

使毋疑 七行三字 使字上與德字下平

版有二，藏海豐吴氏。同治丁卯，城不守一時許，吉金獨無恙，惟爲人竊去秦漢印百餘、秦詔版一。其版較此爲勝，不知歸誰氏矣。

參見《陳介祺手稿集》，第五三〇至五三一頁

秦二世詔殘銅版

版上缺十四字，下右斜長。借拓海豐吴氏。吴氏尚存一版，失之。

參見《簠齋金文題識》，第一〇三頁

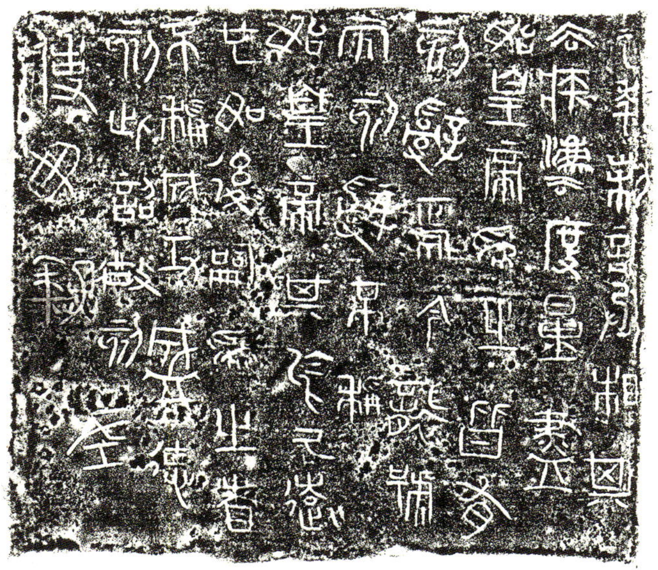

一三　秦二世詔木量銅版　440029.03

拓本最大縱横7.7×8.4釐米

此版得自劉喜海舊藏，有二世詔，字十行

院藏信息

登録號440029.03，一頁

登録號490121，一幀，有題記：秦銅詔版，是爲燕庭丈故物，今歸於余。簠齋所收。鈐印：收秦燔所不及

附録

秦木量二世詔殘銅版 全文見前

元至斯 一行七字

去至盡 二行六字

始至有 三行七字

刻至號 四行六字

而至稱 五行五字

始至遠 六行七字

也至者 七行七字

不至德 八行六字

刻至左 九行六字

使至疑 十行三字

版如片瓦，後有杙，亦嵌木之用。劉氏得之長安。

參見《陳介祺手稿集》，第五二六至五二七頁

秦二世詔木量銅版

横方，背有杙，見劉書。

參見《簠齋金文題識》，第一〇三頁

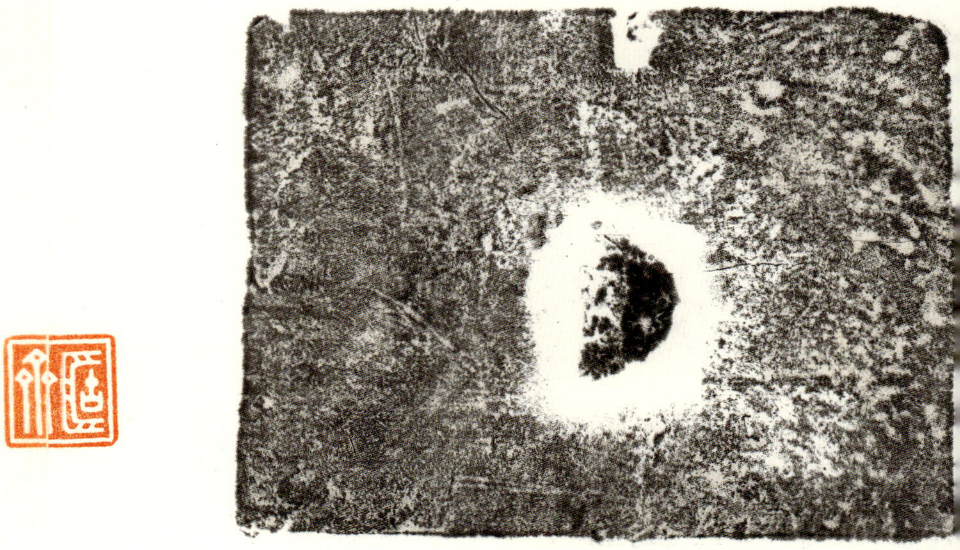

一三

秦二世詔木量銅版 00995.5.24

拓本最大縱横7.4×9.6釐米（兩面同）

此銅版簠齋於清道光間得於關中，有二世詔，字十行

院藏信息

登録號00995.5.24，一開

登録號00930.qql.5：《秦權量銅詔版釋文詩記》圖5，

鈐印：簠齋、簠齋先秦文字、集秦斯之大觀

附録

秦木量二世詔銅版 全文不録

版制、字行皆同劉氏者，簠齋三十年前所得也。癸酉假吴氏者集而拓之，亦海内斯相金刻一大聚會也。七月望辛酉海濱病史記。

參見《陳介祺手稿集》，第五三二頁

秦二世詔木量銅版

横方，有柎。

參見《簠齋金文題識》，第一〇三頁

瓦量殘片

秦始皇詔瓦量殘字

丁丑七月定

此是書于器上刻後入火者

并　兼□天

下　諸□侯

黔□首□大

□安

秦詔量瓦之齋

光緒元年十一月廿九日壬戌有自鄠縣古城得千秋萬歲餘未央七字秦瓦來者中有殘瓦一枚始皇詔字六二完四缺一行當三字云出今甯陽地名西城蓋汶上陽從止函南也觀者無不詫歎得未曾有而已文在瓦爲未詳余謂其宮必始皇營造所居而李斯所作故刻詔殿上必瓦[illegible]

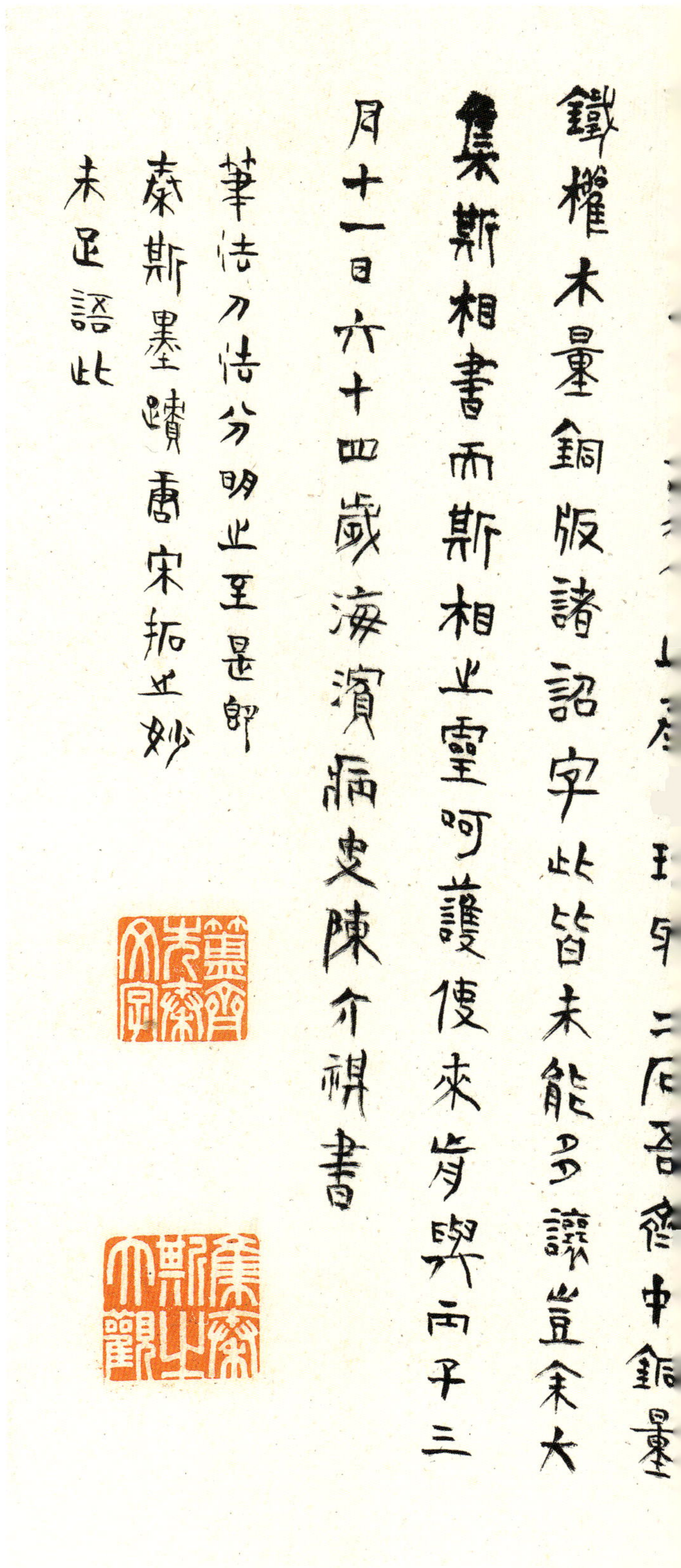
鐵權木量銅版諸詔字此皆未能多讓豈余大
集斯相書而斯相之靈呵護使來肯與丙子三
月十一日六十四歲海濱病史陳介祺書
筆法刀法分明之至是即
秦斯墨蹟唐宋拓之妙
未足語此
簠齋先秦文字
集秦斯之大觀

一四

并兼/下諸/黔 00129.01

拓本最大縱橫6.1×9.9釐米

簠齋清光緒元年（一八七五）得此瓦量殘片

清光緒二年丙子（一八七六）簠齋題記

光緒元年十一月廿九日壬戌，有自鄒縣古城得「千秋萬歲餘未央」七字秦瓦，來者中有殘瓦一，存始皇詔字六，二完四缺，一行當三字，云出今甯陽地名岡城，蓋汶之陽、岱之西南也。觀者無不詫歎。得未曾有，而以文在瓦爲未詳。余謂其宫必始皇登岱所居，而李斯所作，故刻詔殿上之瓦，以紀并兼之盛者。書刻並美，鋒穎猶新，上追十鼓，下祖柔豪，今之泰山琅邪二石，吾齊中銅量、鐵權、木量銅版諸詔字，此皆未能多讓。豈余大集斯相書，而斯相之靈呵護使來前與！丙子三月十一日六十四歲海濱病史陳介祺書。

清光緒三年丁丑（一八七七）簠齋補書題名及題記

秦始皇詔瓦量殘字 丁丑七月定 此是書于器上刻後入火者

筆法刀法分明之至，是即秦斯墨蹟，唐宋拓之妙未足語此。

院藏信息

登録號00129.01，一開，鈐印：秦詔量瓦之齋、簠齋先秦文字、集秦斯之大觀

登録號440272.01，一頁，鈐印：秦詔量瓦之齋、簠齋山左土物，謝國楨鑒藏印：傭書堂藏

登録號440261.01，一頁，鈐印：秦詔量瓦之齋、簠齋先秦文字、集秦斯之大觀

登録號420692.01，一頁，鈐印：秦詔量瓦之齋、集秦斯之大觀、秦鐵權齋

此後十一種皆有印痕非刻者 己卯十月朔記

王君西泉云此李斯之蘭亭也

一五

帝盡/并兼/天/諸 00129.02

拓本最大縱橫4.9×8釐米

拓紙上簠齋題記

王君西泉云：此李斯之蘭亭也。

拓紙裱邊清光緒五年己卯（一八七九）簠齋題記

此後十一種皆有印痕，非刻者。己卯十月朔記。

院藏信息

登録號00129.02，一開，鈐印：簠齋先秦文字、集秦斯之大觀

登録號40272.04，一頁，鈐印：秦詔量瓦之齋、簠齋先秦文字、集秦斯之大觀

登録號440261.08，一頁，鈐印：秦詔量瓦之齋、簠齋先秦文字、集秦斯之大觀

登録號420692.07，一頁，鈐印：秦詔量瓦之齋、集秦斯之大觀

一六

壹歉/疑者/皆明/之 00129.03

拓本最大縱横5.6×5.9釐米

院藏信息

登録號00129.03，一頁，鈐印：簠齋先秦文字、集秦斯之大觀

登録號440272.16，一頁，鈐印：秦詔量瓦之齋、簠齋先秦文字、集秦斯之大觀

登録號420692.25，一頁，鈐印：秦詔量瓦之齋、集秦斯之大觀、海濱病史

一七

并兼／天下 00129.04

拓本最大縱橫3.8×3.7釐米

院藏信息

登録號00129.04，一頁，鈐印：簠齋先秦文字、集秦斯之大觀

登録號440272.05，一頁

登録號440261.11，一頁，鈐印：秦詔量瓦之齋、簠齋先秦文字、集秦斯之大觀

登録號420692.08，一頁

登録號420790.02，一頁，鈐印：秦詔量瓦之齋、簠齋先秦文字、集秦斯之大觀

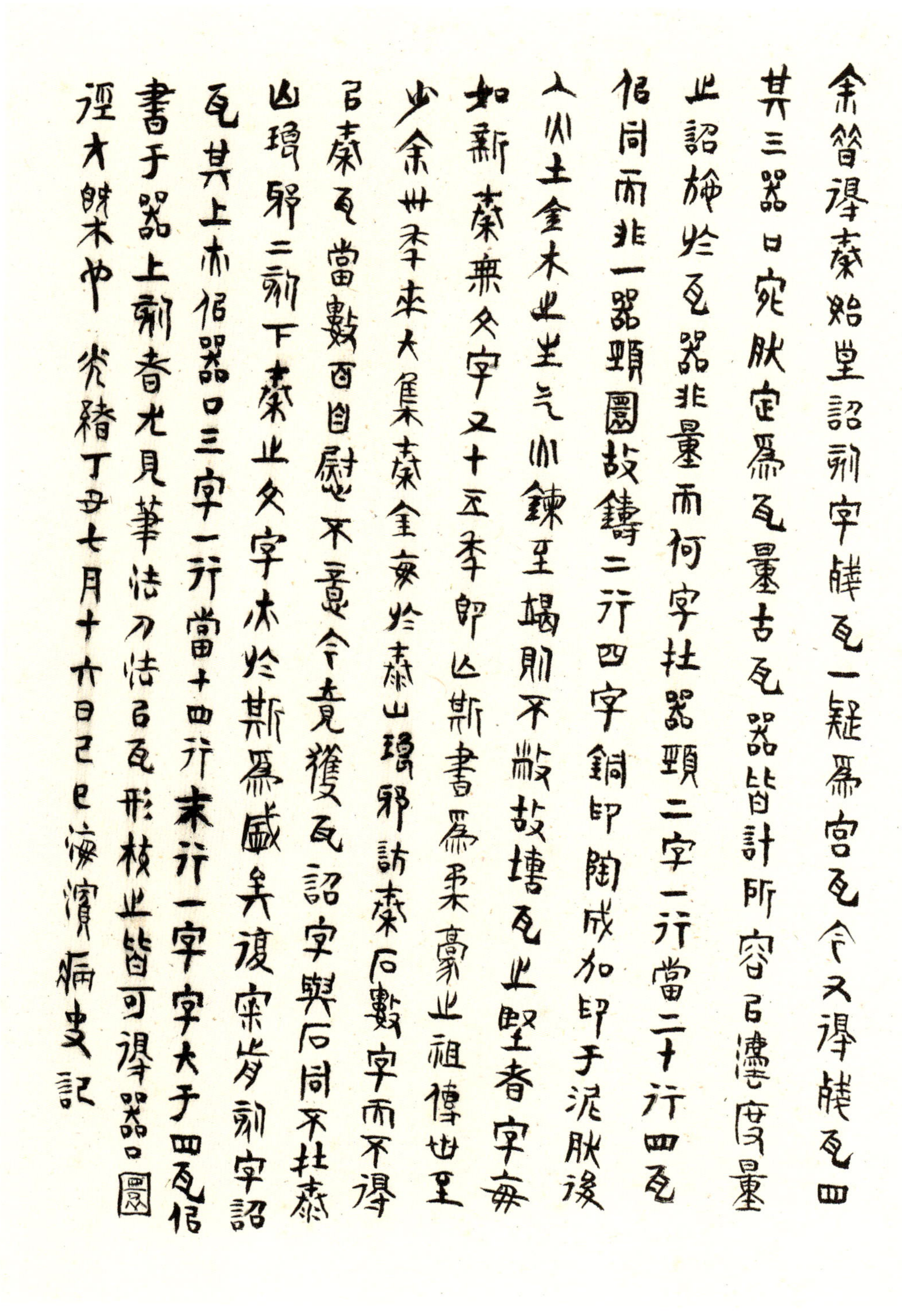

一八

則/壹 00129.05

拓本最大縱橫3.2×3.5釐米

清光緒三年丁丑（一八七七）簠齋題記

余昔得秦始皇詔刻字殘瓦一，疑爲宮瓦。今又得殘瓦四，其三器口宛然，定爲瓦量。古瓦器皆計所容，以灋度量之詔施於瓦器，非量而何？字在器頸，二字一行，當二十行。四瓦似同而非一器。頸圜，故鑄二行四字銅印，陶成加印于泥，然後入火，土金木之生氣，火鍊至竭則不敝，故塼瓦之堅者，字每如新。秦無文字，又十五年即亡，斯書爲柔豪之祖，傳世至少。余卅年來大集秦金，每於泰山琅邪訪秦石數字而不得，以秦瓦當數百自慰，不意今竟獲瓦詔。字與石同，不在泰山琅邪二刻下，秦之文字亦於斯爲盛矣！復宋前刻字詔瓦，其上亦似器口，三字一行，當十四行。末行一字，字大于四瓦，似書于器上刻者，尤見筆法刀法。以瓦形校之，皆可得器口圜徑大概也。光緒丁丑七月十六日己巳海濱病史記。

院藏信息

登録號00129.05，一開，鈐印：秦詔量瓦之齋、簠齋先秦文字、集秦斯之大觀

登録號440272.11，一頁，鈐印：秦詔量瓦之齋、簠齋先秦文字、集秦斯之大觀

登録號440261.19，一頁

登録號420692.23，一頁，鈐印：集秦斯之大觀、古陶主人、秦鐵權齋

一九

廿六/年皇 00129.06

拓本最大縱横5.8×5.7釐米

簠齋题记

皇，古作皇。皇，許氏作皇。此从王，異於土，从白，異於自。

院藏信息

登録號0129.06，一頁，鈐印：齊東陶父、秦詔量瓦之齋、簠齋先秦文字、集秦斯之大觀

登録號440272.02，一頁，鈐印：秦詔量瓦之齋、簠齋先秦文字、集秦斯之大觀

登録號440261.03，一頁，鈐印：秦詔量瓦之齋、簠齋先秦文字、集秦斯之大觀

登録號420692.04，一頁

二〇

廿六/年皇　00129.07

拓本最大縱横4.3×5釐米

院藏信息

登録號00129.07，一頁，鈐印：齊東陶父、簠齋先秦文字、集秦斯之大觀

登録號440272.03，一頁，鈐印：秦詔量瓦之齋、簠齋先秦文字、集秦斯之大觀

登録號420692.06，一頁

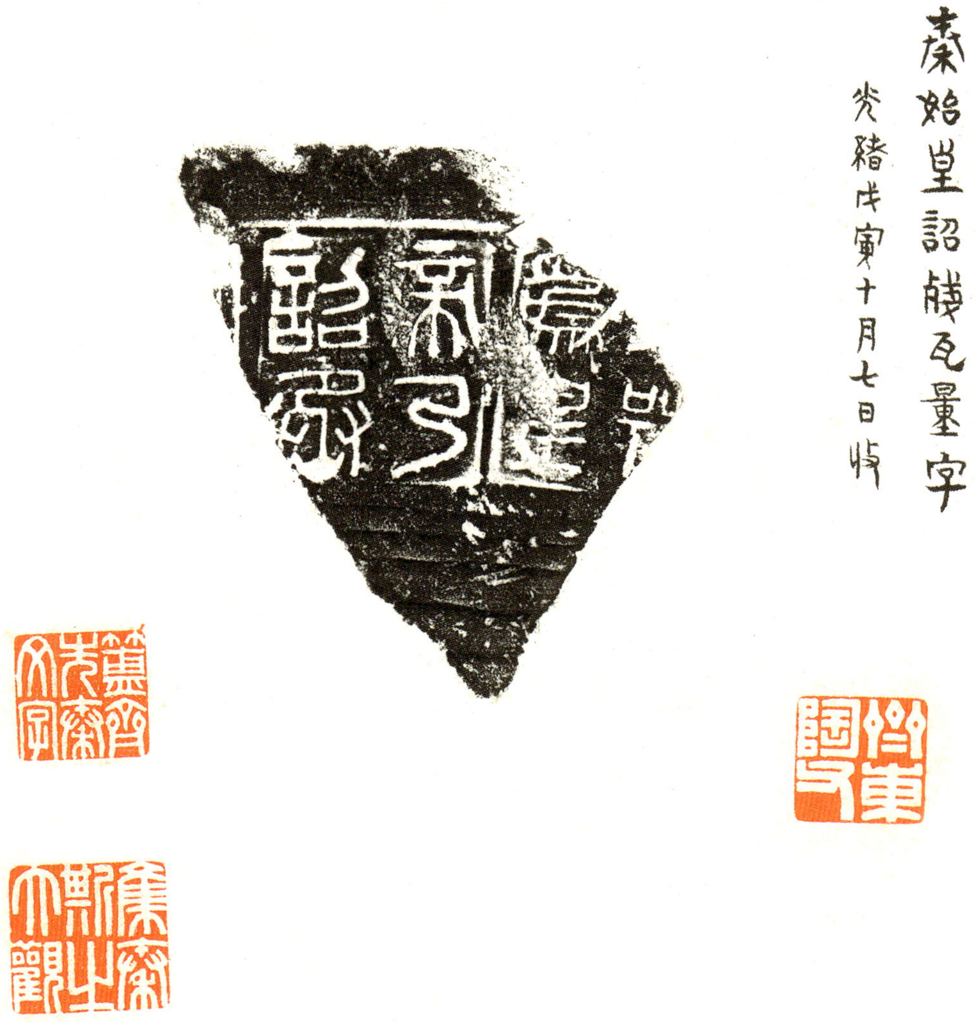

二

爲皇／帝乃／詔丞　00129.08

拓本最大縱橫7.6×6.7釐米

簠齋題記

秦始皇詔殘瓦量字

光緒戊寅十月七日收

院藏信息

登録號00129.08，一頁，鈐印：齊東陶父、簠齋先秦文字、集秦斯之大觀

登録號44027.25，一頁，鈐印：秦詔量瓦之齋、簠齋先秦文字、集秦斯之大觀

登録號44026.18，一頁

登録號42069.11，一頁，鈐印：秦詔量瓦之齋、齊東陶父

二二

詔丞 00129.09

拓本最大縱橫4.2×3.5釐米

院藏信息

登録號00129.09，一頁，鈐印：齊東陶父、簠齋先秦文字、集秦斯之大觀

登録號440272.27，一頁

登録號440261.13，一頁，鈐印：秦詔量瓦之齋、簠齋先秦文字、集秦斯之大觀

登録號420692.13，一頁

邦字似節墨刀開邦安邦〻字

口上有字似邦與鐵權銅版之麗字同

二三

綰法/度量/則 00129.10

拓本最大縱横7.3×6.2釐米

簠齋題記

邦字，似節墨刀，開邦、安邦邦字。

口上有字似「邦」，與鐵權、銅版之「麗」字同。

院藏信息

登録號00129.10，一頁，鈐印：齊東陶父、簠齋先秦文字、集秦斯之大觀

登録號440261.15，一頁，鈐印：秦詔量瓦之齋、簠齋先秦文字、集秦斯之大觀

登録號420692.17，一頁，鈐印：秦詔量瓦之齋、集秦斯之大觀、秦鐵權齋

二四

綰/度量/則不 00129.11

拓本最大縱横5.2×6釐米

院藏信息

登録號00129.11，一頁，鈐印：齊東陶父、簠齋先秦文字、集秦斯之大觀

登録號44027210，一頁

登録號440261.16，一頁，鈐印：秦詔量瓦之齋、簠齋先秦文字、集秦斯之大觀

登録號420692.10，一頁

二五

綰法/度量 00129.12

拓本最大縱横3.8×3.9釐米

院藏信息

登録號00129.12，一頁，鈐印：齊東陶父、簠齋先秦文字、集秦斯之大觀

登録號440272.09，一頁，鈐印：秦詔量瓦之齋、簠齋先秦文字、集秦斯之大觀

登録號440261.10，一頁

登録號420692.21，一頁，鈐印：秦詔量瓦之齋、集秦斯之大觀

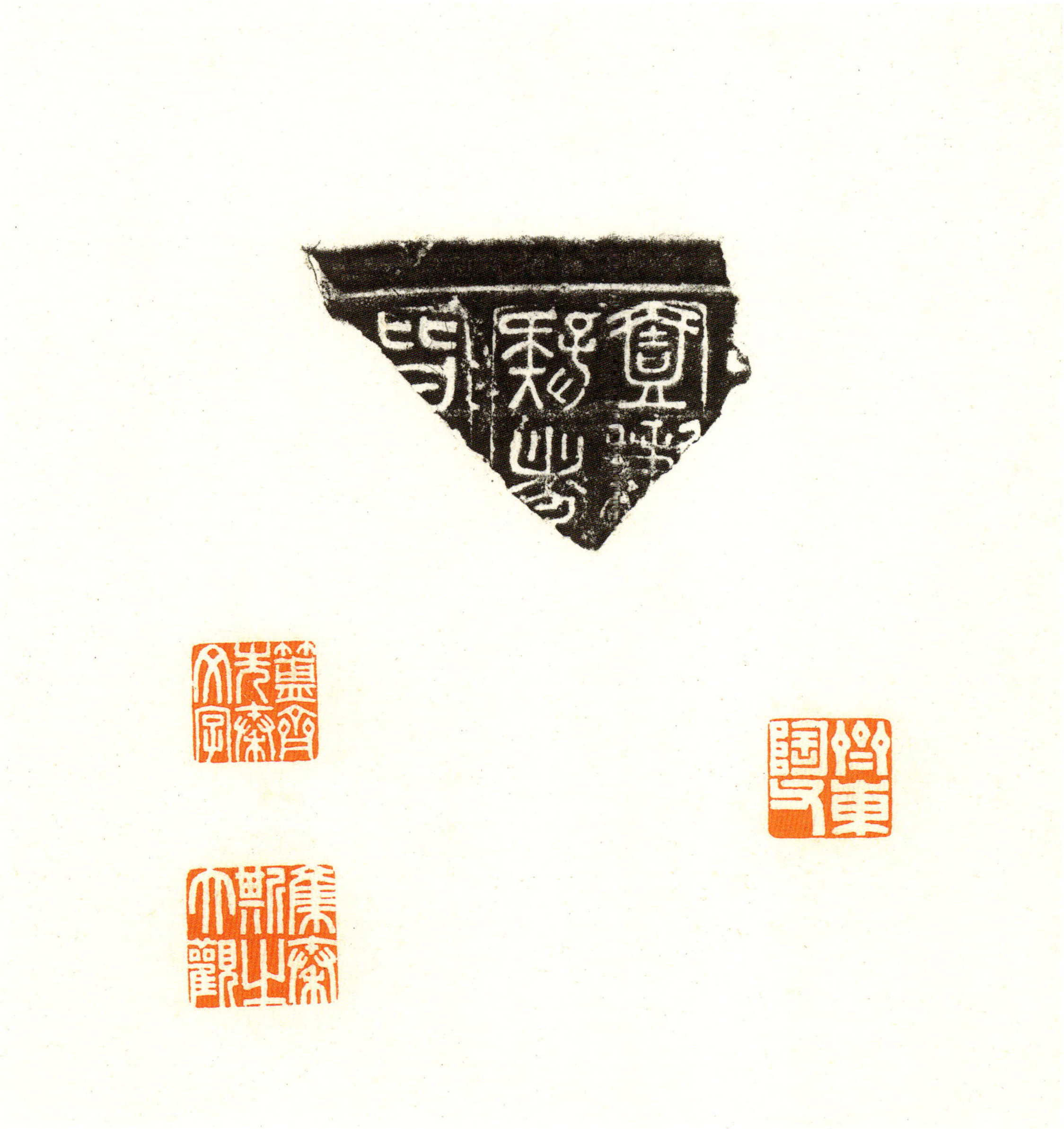

二六

壹歉／疑者／皆　00129.13

拓本最大縱横4.6×6.3釐米

院藏信息

登録號00129.13，一頁，鈐印：齊東陶父、簠齋先秦文字、集秦斯之大觀

登録號440272.13，一頁，鈐印：秦詔量瓦之齋、簠齋先秦文字、集秦斯之大觀

登録號440261.22，一頁，鈐印：秦詔量瓦之齋、簠齋先秦文字、集秦斯之大觀

登録號420692.20，一頁

秦始皇詔瓦量殘字

光緒戊寅十月七日收

二七

不/歉

00129.14

拓本最大縱横3.6×4.5釐米

簠齋題記

秦始皇詔瓦量殘字

光緒戊寅十月七日收

院藏信息

登録號00129.14，一頁，鈐印：齊東陶父、簠齋先秦文字、集秦斯之大觀

登録號440272.12，一頁，鈐印：文字之福

登録號420692.22，一頁

二八

黔首／大安／立號／爲皇 440272.06

拓本最大縱横5.7×7.7釐米

院藏信息

登録號440272.06，一頁

登録號440261.25，一頁

二九

帝/詔/相

44027207

拓本最大縱横4.3×5.9釐米

院藏信息

登録號44027207，一頁

登録號44026112，一頁

登録號42069216，一頁，鈐印：古陶主人、秦詔量瓦之齋、秦鐵權齋

三〇

狀/綰法/度量/則不 440272.08

拓本最大縱橫7.2×9.1釐米

院藏信息

登録號440272.08，一頁

登録號420790.06，一頁，鈐印：齊東陶父、簠齋

三一

壹/疑者/皆明/壹之

440272.14

拓本最大縱橫5.4×7.6釐米

院藏信息

登録號440272.14，一頁，謝國楨鑒藏印：剛主祕貺

登録號440261.26，一頁

登録號420692.27，一頁，鈐印：秦詔量瓦之齋、集秦斯之大觀、秦鐵權齋、海濱病史

三二

廿六/年皇

440272.15

拓本最大縱横7.1×8.5釐米

院藏信息

登録號440272.15，一頁，鈐印：秦詔量瓦之齋、簠齋先秦文字、集秦斯之大觀

登録號440261.05，一頁，鈐印：秦詔量瓦之齋、簠齋先秦文字、集秦斯之大觀

登録號420692.05，一頁

三三

廿六/年皇/帝盡/并兼　440272.17

拓本最大縱橫7×7.8釐米

院藏信息

登録號440272.17，一頁，鈐印：秦詔量瓦之齋、簠齋先秦文字、集秦斯之大觀

登録號440261.02，一頁，鈐印：秦詔量瓦之齋、簠齋先秦文字、集秦斯之大觀、簠齋山左土物

登録號420692.03，一頁，鈐印：秦詔量瓦之齋、集秦斯之大觀

登録號420790.01，一頁，鈐印：齊東陶父、簠齋

三四

廿/年皇 440272.18

拓本最大縱横3.3×3.8釐米

院藏信息

登録號440272.18，一頁，鈐印：秦詔量瓦之齋、簠齋先秦文字、集秦斯之大觀

登録號440261.04，一頁，鈐印：秦詔量瓦之齋、簠齋先秦文字、集秦斯之大觀

登録號420692.02，一頁，鈐印：文字之福、集秦斯之大觀、秦鐵權齋

三五

廿/年

440272.19

拓本最大縱橫4.2×6.6釐米

院藏信息

登録號440272.19，一頁，謝國楨鑒藏印：國楨之鉨

登録號440261.06，一頁

三六

并／天下／諸侯／黔首／大安／立號

44027220

拓本最大縱橫11.8×10.5釐米

院藏信息

登録號44027220，一頁，鈐印：秦詔量瓦之齋、簠齋先秦文字、集秦斯之大觀

登録號44026107，一頁，鈐印：秦詔量瓦之齋、簠齋先秦文字、集秦斯之大觀

登録號42069209，一頁，鈐印：古之田閒大夫、君車漢石亭長、秦詔量瓦之齋

三七

諸侯／黔首／大安　440272.21

拓本最大縱横5.3×6.3釐米

院藏信息

登録號440272.21，一頁，鈐印：秦詔量瓦之齋、簠齋先秦文字、集秦斯之大觀

登録號440261.21，一頁，鈐印：秦詔量瓦之齋、簠齋先秦文字、集秦斯之大觀

登録號420692.18，一頁

登録號420790.03，一頁，鈐印：秦詔量瓦之齋、簠齋先秦文字、集秦斯之大觀

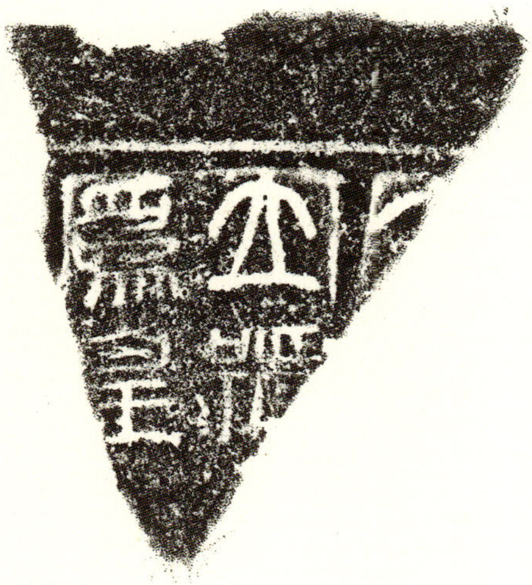

三八

大/立號/爲皇 440272.22

拓本最大縱橫6.3×5.7釐米

院藏信息

登録號440272.22，一頁，謝國楨鑒藏印：安陽謝氏

三九

帝/詔/相狀/綰法/度 440272.23

拓本最大縱橫4.5×8.4釐米

院藏信息

登録號440272.23，一頁

登録號440261.14，一頁，鈐印：秦詔量瓦之齋、簠齋先秦文字、集秦斯之大觀

登録號420692.14，一頁，鈐印：秦詔量瓦之齋、集秦斯之大觀

登録號420790.05，一頁，鈐印：秦詔量瓦之齋、簠齋先秦文字、集秦斯之大觀

四〇

立號/爲皇/帝乃/詔丞 440272.24

拓本最大縱横6.4×6.3釐米

院藏信息

登録號440272.24，一頁

登録號440261.17，一頁，鈐印：秦詔量瓦之齋、簠齋先秦文字、集秦斯之大觀

登録號420692.15，一頁

登録號420790.04，一頁，鈐印：秦詔量瓦之齋、簠齋先秦文字、集秦斯之大觀

四一

爲皇/帝乃 440272.26

拓本最大縱横5.9×3.2釐米

院藏信息

登録號440272.26，一頁

登録號420692.12，一頁，鈐印：

秦詔量瓦之齋、齊東陶父

四二

量/不/歉/者　440272.28

拓本最大縱横4.7×6.9釐米

院藏信息

登録號440272.28，一頁，鈐印：秦詔量瓦之齋、篋齋先秦文字、集秦斯之大觀

登録號440261.23，一頁，鈐印：秦詔量瓦之齋、篋齋先秦文字、集秦斯之大觀

登録號420692.19，一頁，鈐印：秦詔量瓦之齋、集秦斯之大觀

四三

度／則／壹／疑 440272.29

拓本最大縱横3.9×6.2釐米

院藏信息

登録號440272.29，一頁

登録號440261.09，一頁

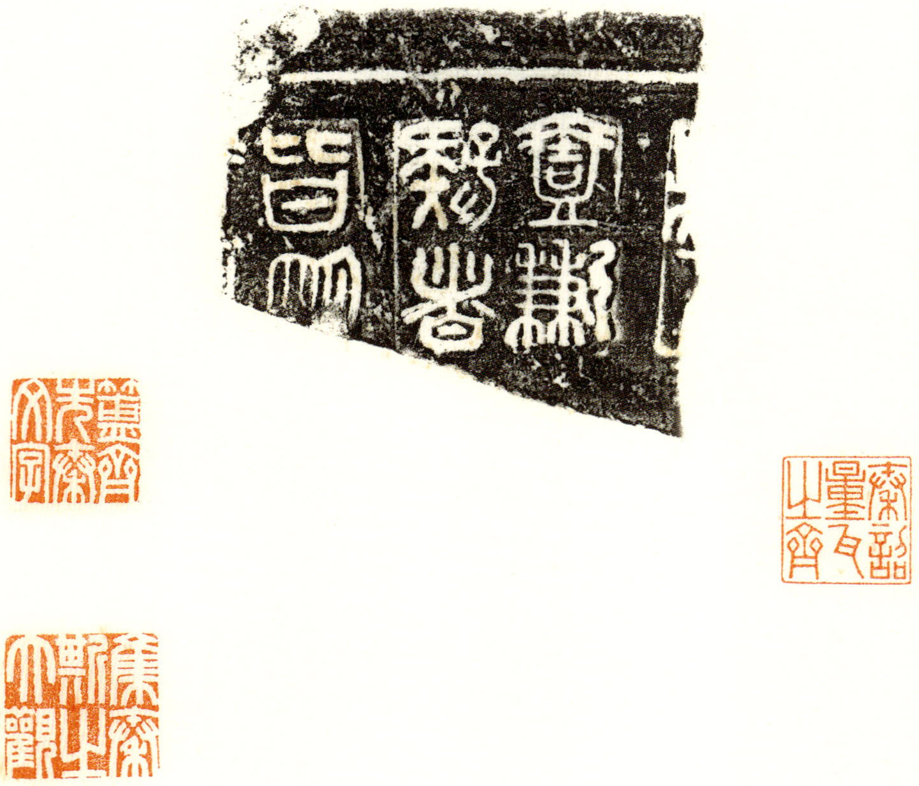

四四

壹歉／疑者／皆明 440272.30

拓本最大縱橫5.9×6.4釐米

院藏信息

登録號440272.30，一頁，鈐印：秦詔量瓦之齋、簠齋先秦文字、集秦斯之大觀

登録號440261.24，一頁，鈐印：秦詔量瓦之齋、簠齋先秦文字、集秦斯之大觀

登録號420692.24，一頁

四五

皆/壹之

440272.31

拓本最大縱横4.2×3釐米

院藏信息

登録號440272.31，一頁

登録號440261.20，一頁

四六

壹歎/疑者/皆明/壹之 440272.32

拓本最大縱横8.6×7.8釐米

院藏信息

登録號440272.32，一頁，鈐印：秦詔量瓦之齋、篋齋先秦文字、集秦斯之大觀

登録號440261.27，一頁，鈐印：秦詔量瓦之齋、篋齋先秦文字、集秦斯之大觀

登録號420692.26，一頁

登録號420790.07，一頁，鈐印：齊東陶父、篋齋

附録

陳進藏《十鐘山房藏古目》

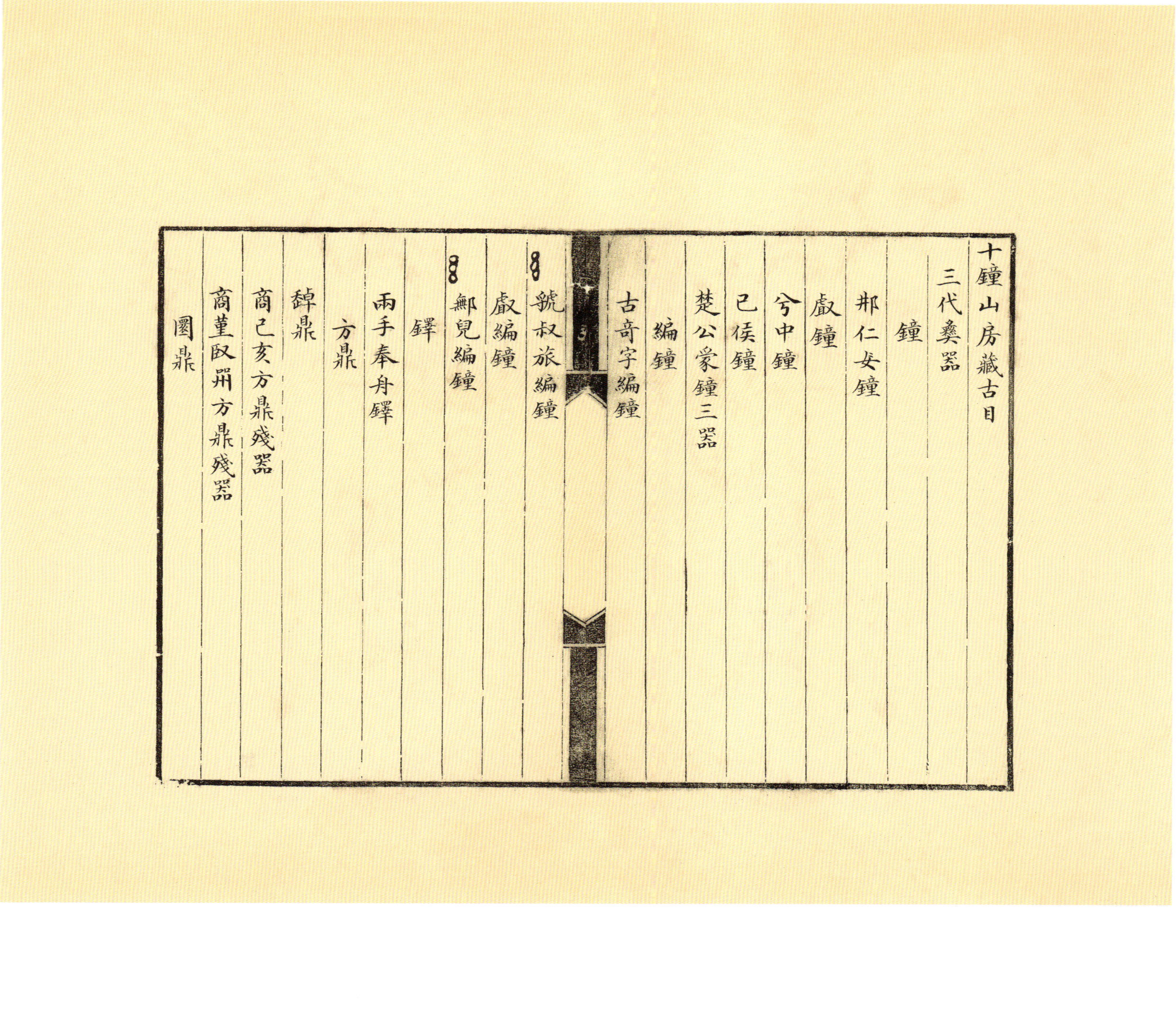

十鐘山房藏古目

三代彝器

鐘

邢仁安鐘

㪑鐘

兮中鐘

己侯鐘

楚公冡鐘三器

編鐘

古奇字編鐘

虢叔旅編鐘

㪑編鐘

鄦兒編鐘

鐸

兩手奉舟鐸

方鼎

𩑦鼎

商己亥方鼎殘器

商堇臤𠕋方鼎殘器

圜鼎

周毛公厝鼎
周器侯馭方鼎
商天君鼎
商鼎字鼎
堇伯鼎
伯魚鼎
杞伯敏父鼎
陳侯鼎
犀伯魚父鼎
鄭君毀鼎
甚鼎
袁鼎
子鼎
伯鼎
旁肇鼎
𪔂鼎
㸒姝鼎
商字鼎蓋
梁上官鼎
犧尊

亞中此犧尊
丞犧尊蓋
尊
䤾尊
囲文旁尊
傳尊
應公尊
員父尊
魚尊
子祖辛足跡形尊
緫兩角形子父已尊
卣
效卣
盄仲狂卣器
伯睘卣
豚卣器
矢伯雞父卣
析子孫父乙卣
罒父辛祖已卣
析子孫父丁卣

子孫父癸卣殘器
祖癸卣殘器
舟万父丁卣器
壺
中伯壺蓋
罍
欽罍
鉼
緻恣君鉼
斝
亞虎父丁斝
䀠乙斝
觚
天子班觚
手薦血形父丁觚殘器
父乙子豕形觚
祖戊觚
叔觚
亢觚
觶

母甲觶
周垣重屋祖己觶
父丁告田觶
㕥子作父丁觶
子魚父丁觶
子孫父己觶
聿貝父辛觶
舉父己觶
子父庚觶
亞中子形父乙觶
毛觶
舉祖戊觶
舉祖丙觶
癸觶
子執柯提卣父癸觶
子立刀形觶
角
宰椃角
父乙爻角
父乙陵册角

觥

敔闢觥

爵

盉爵

虘爵

祖辛爵

癸叜爵

二龍奉中父癸爵

雨手奉中爵

父己析子孫爵

父戊舟爵二器

子在襁子執干形爵

立瞿中毋爵

子壬乙辛爵

曲祖癸爵

祖乙爵

祖辛爵

山丁爵

子丁爵

丁舉爵

乙

作乙公爵

手執節手執中爵

甾父戊爵

子孫爵

父甲爵

子毋父乙爵

𠨧作父乙爵

旂單父丙爵

魚父丙爵

㚸父丁爵

子八父丁爵

父丁舉爵

父丁爵三器

𡈼父戊爵

舉父己爵

子負主父庚爵

亘父辛爵

𠀠父辛爵

二足蹈矩父癸爵

子提卣父癸爵

二

手執爵形父癸爵
雙爵形父癸爵
爵形父癸爵
爵集木父癸爵
饕餮爵三器
鵜爵
魚爵
舉爵三器
子爵
妝爵
四耳敦
聃敦器
敦
頌敦蓋
君夫敦蓋
圅皇父敦
睘敦
師害敦二器
豐兮尸敦
小子師敦器

商祖庚乃孫敦器
格伯敦
城虢遣生作敦器
妊句母敦器
伯開敦殘器
已侯敦
不胄敦器
伯喬父敦器
中敦器
令父乙卯敦器
伯魚敦
伯魚敦殘器
商叔父癸敦
商子戊敦器
商癸山敦器
商廟形重屋敦器
雙鳳集木敦器
鐔附即敦
陳侯因脊敦器
盤

十

夏饕餮盤 未拓
分田盤 有字鑄釋文題字
齊太僕歸父盤殘器 有字題
中盤 字題釋文 摹拓
陵子盤 有字題
商敃虎盤 有題
𤕌父盤
匜
商敃虎匜 有字題
陳子子匜 有字題
王敂眞孟姜匜
圅皇父匜
周窒匜 有題字
黃中匜
穌甫人匜 有字題
釜
齊太公子和子釜
陳猶釜 有題字 二區有字釋
鋘
齊左關鋘

卜

鬲
艾伯鬲
鄭燕伯鬲
郳伯鬲
簠
曾伯霥簠
鄦子妝簠
鄀公諴簠
虢叔簠
簋
遲簋
甗
龔妊甗殘器
伯貞甗殘器
盉
商立瞿子執干形盉
商父辛盉蓋
和 附
史孔和器
鋈

右里鋈二器

鐱

王元詷鐱

高揚四鐱

叔尨鐱

古金銀錯十二字鐱拊環

干首

五字干首

㚇干首

瞿

夏⺀瞿

商瞿鉞形瞿

商㔶𠤎瞿

商虎文立刀瞿

戈

商梁伯戈

商奇字龍首戈

二年羣子戈

卅二年戈

四年邘戈柲

十八年戈柲

大嚚戈

秦子戈

宋元公戈

歐王戈

歐王戈柲三器

㕣戻造戈金二化戈

平陽高䮾里戠戈

高密造戈

芉子戈

命趙將口䔍戈柲

𠷎㠯歸戈

作洍右戈

封斤徒戈

子㜸子造戈

蔚哉口戈

長畫戈

周右軍戈柲

鄭武軍殘戈柲

陳

陳麗子宂造鈛戈
徭止八字戈
陳右造鈛戈
平阿右戈
平陸左戈
陳㚘邑戈
子𨚵子鈛
皇邑左戈
右濯作戈
侣㑺戈

右卯戈
巢宇戈
白新戈柲
㒵戈
㒵戈
陳簇戈
吾宜戈
龍文古戈
雷文古戈
矛

帝降矛二
敺王矛三
厥八川右矛二
武般矛
鐏
右午義鐏
銅器
豐字銅器二
周金鋪
周距末

秦器
權
秦始皇詔銅版錢權
權版
秦始皇詔錢權銅版
秦始皇詔二世詔錢權銅版
量
秦始皇詔二世詔銅量
量版
秦始皇詔木量銅版

秦二世詔木量殘銅版
秦二世詔木量銅版 三
度版
秦始皇詔殘銅版
瓦量
秦始皇詔瓦量二十五
戈
秦不韋詔事戈
矛
高奴矛

漢器
鼎
雲陽鼎
犛車宮鼎
美陽共厨金鼎
杜共鼎蓋
上林鼎
乘輿十湅銅鼎
臨菑鼎
廢卯鼎蓋

菑川金鼎
陽周倉金鼎
安成家銅鼎
口口鼎
鍑
漁陽郡考文廟銅𦈢鍑
䤔
漁孝廟䤔
鍾
新莽中尚方鍾

東漢陳彤鍾
扶侯鍾
鍪
十六年鍪
熏鑪
陽泉使者舍熏鑪
鴈足鐙
綏和銅鴈足鐙
高鐙
萬歲宮鐙

臨虞宮鐙

步高宮鐙

燭豆

土軍侯燭豆

錠

曲成家銅錠

行鐙

桂宮前浴行鐙

池陽宮行鐙

開封行鐙

日上鐙

行鐙鋬

未央宮尚浴府乘輿行燭鋬

飯幘

新莽常樂衛士飯幘

壺

富貴壺

金刀

膠東食官金刀

銅器

尚方故治八千万銅器

完字銅器

千金氏銅器

大者千萬家銅器二

權

新莽建八兩圜權

長宜子孫小權

車銅

前右上廣車銅

在廖下車銅

大吉利車銅二

葆調

青陽畢少郎葆調

刀圭

大郭刀圭

洗

董氏器洗

董氏作洗

吉羊洗

吉羊殘洗

嚴氏造吉羊形洗
吉羊富貴洗字
陳富貴昌洗字 雙魚
富貴昌宜刀雙魚洗
富貴昌宜侯王洗字
君宜子孫也雙魚洗
君宜子孫雙魚洗 二
長宜子孫雙魚洗
又一 文同字異
大吉羊雙魚洗

匳
晋太康匳
銅牌
西夏銅牌
弩鐖
永元六年十万工造四石鐖郭
元初二年賞邉口八石鐖郭
元初二年殘鐖郭
永和二年五月書言府四石鐖
永壽二年正月己卯詔書四石鐖

京兆官弩弩牙
太僕鐖
河内工官第六十十二兩鐖
河内工官百八口三口鐖鍵
河内工官千六百廿六兩鐖
河内工官二千九十兩鐖
南陽工官鐖 二
館陶郭小鐖
河東馮久鐖
河東李游鐖
大吉弩
魏正始二年左尚方鐖
正始五年十二月廿日左尚方造步弩鐖郭
何氏小鐖
邵贊陳宗鐖郭
遲秀調祝元釦弩牙

泉布泉範

目録

編例 — 一

泉布

一 小泉直一 440261.29 — ○二
二 幺泉一十 440261.30 — ○三
三 幼泉二十 440261.31 — ○四
四 中泉三十 440261.32 — ○五
五 壯泉四十 440261.33 — ○六
六 大泉五十 440261.34 — ○七
七 小布一百 440261.37 — ○八
八 小布一百 440261.46 — ○九
九 幺布二百 440261.38 — 一○
一○ 幺布二百 440261.47 — 一一
一一 幼布三百 440261.39 — 一二
一二 幼布三百 440261.48 — 一三
一三 序布四百 440261.40 — 一四
一四 序布四百 440261.49 — 一五
一五 差布五百 440261.41 — 一六
一六 差布五百 440261.50 — 一七
一七 中布六百 440261.42 — 一八
一八 中布六百 440261.51 — 一九
一九 壯布七百 440261.43 — 二○
二○ 壯布七百 440261.52 — 二一
二一 第布八百 440261.44 — 二二
二二 第布八百 440261.53 — 二三
二三 次布九百 440261.45 — 二四
二四 次布九百 440261.54 — 二五
二五 大布黄千 440261.35 — 二六
二六 大布黄千 440261.36 — 二七

泉範

二七 範 440238.7.01 — 三○
二八 貨布範 440238.7.02 — 三一
二九 大布黄千範 440238.7.03 — 三二
三○ 大布黄千範 440238.7.04 — 三三
三一 大布黄千範 440238.7.05 — 三四
三二 半兩範 十二枚 440238.7.06 — 三五
三三 半兩範 八枚 440238.7.07 — 三六
三四 半兩範 六枚 440238.7.08 — 三七
三五 半兩範 十八枚 440238.7.09 — 三八
三六 半兩範 三十九枚 440238.7.10 — 四○
三七 貨泉範 正背各三枚 440238.7.11 — 四二
三八 貨泉範 正背各三枚 440238.7.12 — 四三
三九 貨泉範 正背各三枚 440238.7.13 — 四四
四○ 貨泉範 正背各二枚 440238.7.14 — 四五
四一 貨泉範 正背各二枚 440238.7.15 — 四六
四二 大泉五十範 正背各二枚 440238.7.16 — 四七
四三 大泉五十範 正背各二枚 440238.7.17 — 四八
四四 大泉五十範 正背各二枚 440238.7.18 — 四九
四五 五銖範 十八枚 440238.7.19 — 五○
四六 五銖範 十二枚 440238.7.20 — 五一

四七 五銖殘範 440238.7.21 五二
四八 建武十七年五銖範 正背各四枚 440238.7.22 五三
四九 更始二年五銖範 正背各四枚 440238.7.23 五四
五〇 更始二年五銖範 正背各四枚 440238.7.24 五五
五一 五銖範 正背各四枚 440238.7.25 五六
五二 五銖範 正背各四枚 440238.7.26 五七
五三 五銖範 正背各四枚 440238.7.27 五八
五四 五銖範 440238.7.28 五九
五五 五銖範 正背各五枚 440238.7.29 六〇
五六 五銖範 正背各四枚 440238.7.30 六一
五七 半兩範 440238.8.01 六二
五八 半兩範 440238.8.02 六三
五九 半兩範 440238.8.03 六四
六〇 半兩範 六枚 440238.8.04 六五
六一 半兩殘範 440238.8.05 六六
六二 元康三年殘範 440238.8.06 六七
六三 地節二年殘範 440238.8.07 六八
六四 本始元年五銖殘範 440238.8.08 六九
六五 本始元年五銖殘範 440238.8.09 七〇
六六 本始三年殘範 440238.8.10 七一
六七 殘範 440238.8.11 七二
六八 殘範 440238.8.12 七三
六九 五銖殘範 440238.8.13 七四
七〇 五銖殘範 440238.8.14 七五
七一 五銖殘範 440238.8.15 七六
七二 契刀五百殘範 440238.8.16 七七
七三 契刀五百殘範 440238.8.17 七八
七四 大布黃千殘範 440238.8.18 七九
七五 殘範 440238.8.19 八〇

編例

一、本書收録清陳介祺藏漢及新莽時期的泉布拓本二十六、泉範拓本四十九，共七十五紙，分别源自院藏圖籍《秦詔量古泉拓片》（登録號 440261，綫裝一册）以及《陳簠齋吉金文字》（登録號 440238，綫裝八册）中的第七、八册。

二、本書在編排上，按類别分爲泉布、泉範兩部分。泉布皆爲新莽時期貨幣，各拓本按幣值由小到大的次序排序；泉範皆爲銅範，各拓本主要依原圖籍册次及内葉的裝幀順序排次。關於簠齋藏範，鄧實《簠齋吉金録》中影印鄒壽祺藏銅範拓本六十七、鐵範一。鄒壽祺題記云：「簠齋藏貨範千餘，嘗以名居曰『千貨範室』。余所見有二十餘册，皆土範也。此銅範六十七紙、鐵範一紙，傳拓極少。庚戌立夏日杭州鄒壽祺得于中江李氏。」

三、本書編録内容分圖版和文字著録。文字著録包括基本信息和院藏信息等。其中，基本信息有題名（附拓本登録號）、時代、拓本最大縱横尺寸等。

四、參閱書目：

鄧實編：《簠齋吉金録》，民國七年（一九一八）風雨樓影印本。

孫慰祖、徐谷富編：《秦漢金文彙編》，上海書店出版社，一九九七年。書中簡稱《秦漢》。

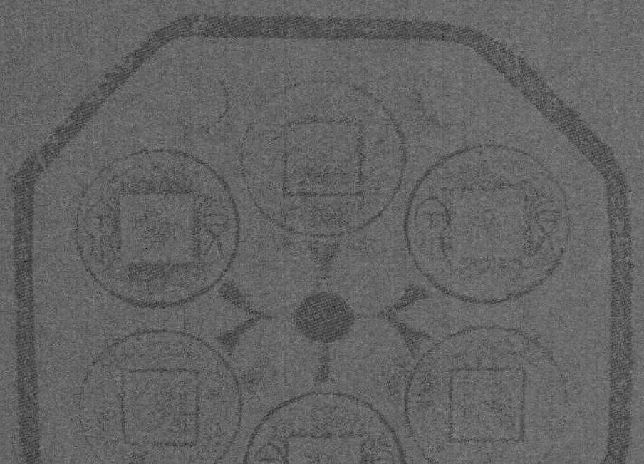

泉布

小泉直一/幺泉一十/幼泉二十/中泉三十/壯泉四十/大泉五十/小布一百/小布一百/幺布二百/幺布二百/幼布三百/
幼布三百/序布四百/序布四百/差布五百/差布五百/中布六百/中布六百/壯布七百/壯布七百/第布八百/第布八百/
次布九百/次布九百/大布黃千/大布黃千

一

小泉直一

440261.29

新莽時期

拓本直徑1.5釐米（兩面同）

院藏信息

登録號440261.29，一頁，鈐印：簠齋收藏六泉十布印

二

幺泉一十

44026130

新莽時期

拓本直徑1.6釐米（兩面同）

院藏信息

登録號44026130，一頁，鈐印：簠齋收藏六泉十布印

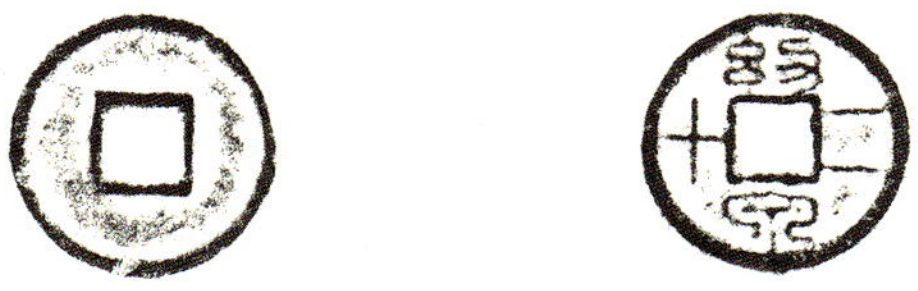

三

幼泉二十

440261.31

新莽時期

拓本直徑1.8釐米（兩面同）

院藏信息

登録號440261.31，一頁，鈐印：篁齋收藏六泉十布印

四

中泉三十

440261.32

新莽時期

拓本直徑2釐米（兩面同）

院藏信息

登録號440261.32，一頁，鈐印：簠齋收藏六泉十布印

五

壯泉四十

440261.33

新莽時期

拓本直徑2.2釐米（兩面同）

院藏信息

登録號440261.33，一頁，鈐印：簠齋收藏六泉十布印

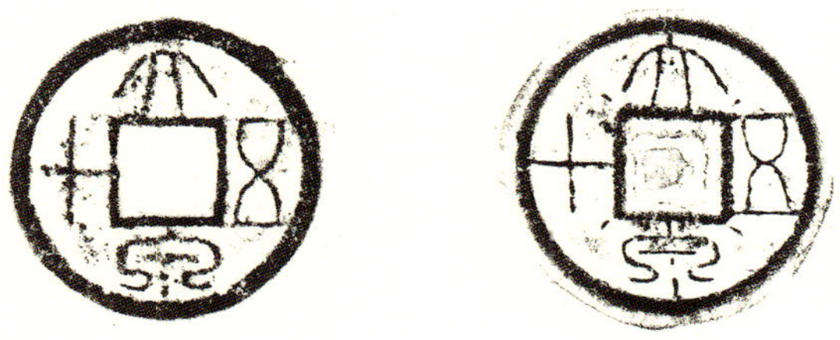

六

大泉五十

440261.34

新莽時期

拓本直徑2.6釐米（兩面同）

院藏信息

登録號440261.34，一頁，鈐印：簠齋收藏六泉十布印

七

小布一百

440261.37

新莽時期

拓本最大縱橫3.2×1.8釐米（兩面同）

院藏信息

登録號440261.37，一頁，鈐印：簠齋收藏六泉十布印

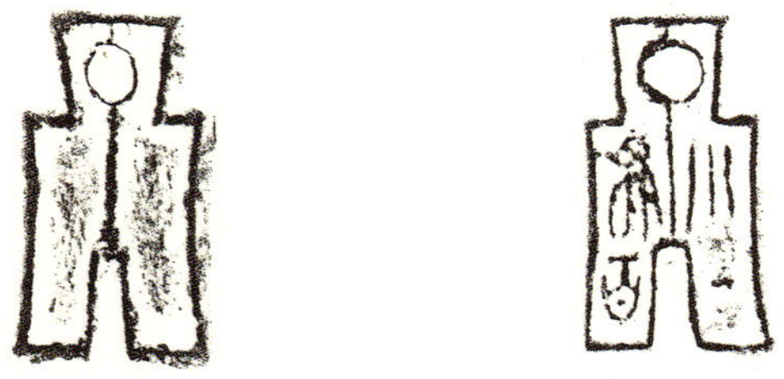

八

小布一百

44026I.46

新莽時期

拓本最大縱横2.8×1.5釐米（兩面同）

院藏信息

登録號44026I.46，一頁，鈐印：簠齋收藏六泉十布印

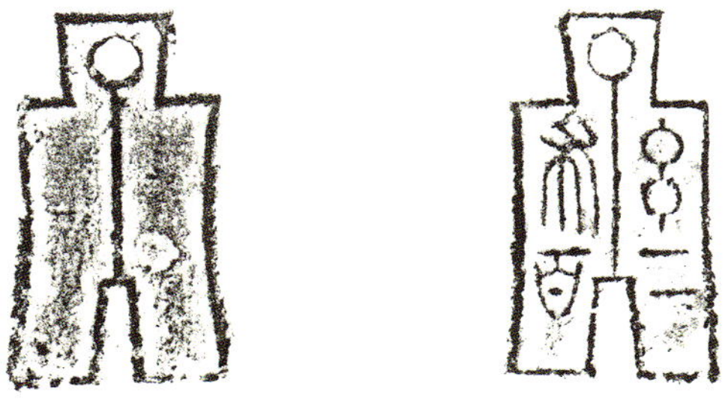

九

幺布二百

440261.38

新莽時期

拓本最大縱橫3.4×1.9釐米（兩面同）

院藏信息

登録號440261.38，一頁，鈐印：簠齋收藏六泉十布印

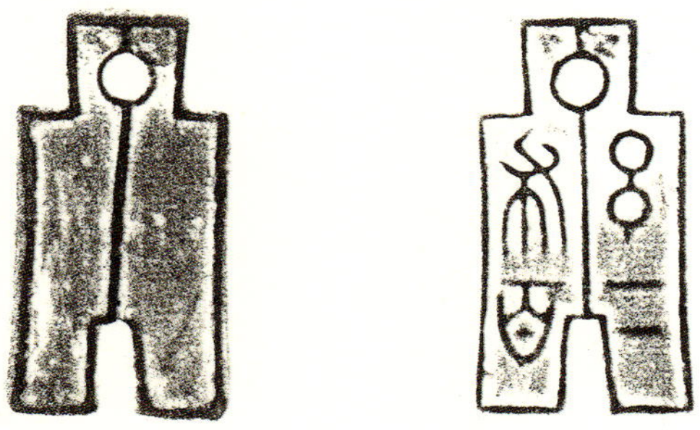

一〇

幺布二百 440261.47

新莽時期

拓本最大縱橫2.8×2釐米（兩面同）

院藏信息

登録號440261.47，一頁，鈐印：簠齋收藏六泉十布印

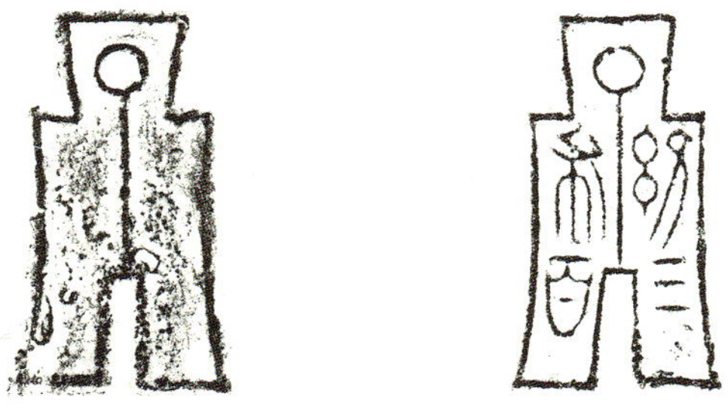

二

幼布三百

440261.39

新莽時期

拓本最大縱横3.4×1.8釐米（兩面同）

院藏信息

登録號440261.39，一頁，鈐印：簠齋收藏六泉十布印

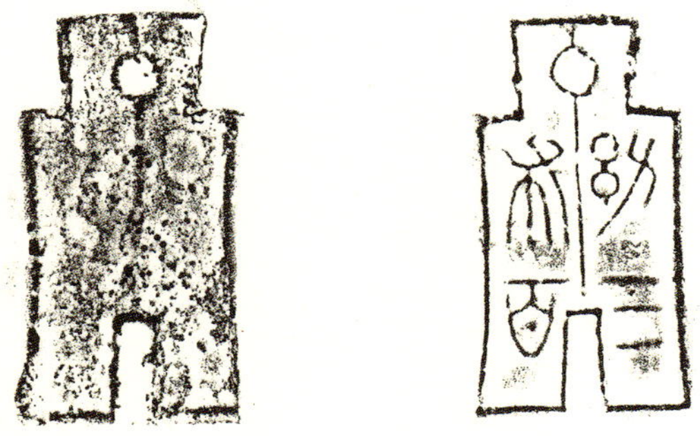

二

幼布三百　440261.48

新莽時期

拓本最大縱横4×2.1釐米（兩面同）

院藏信息

登録號440261.48，一頁，鈐印：簠齋收藏六泉十布印

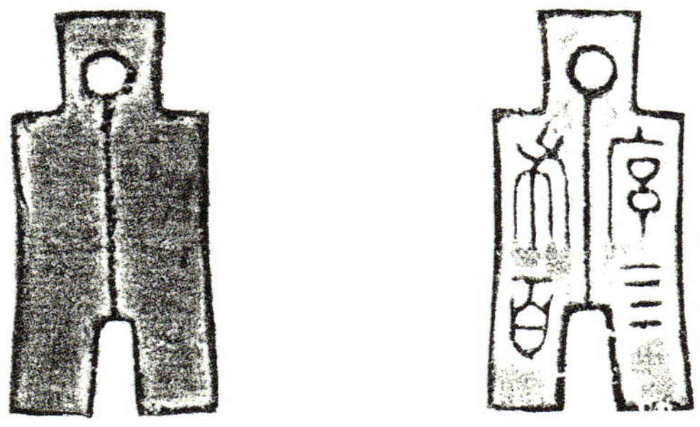

一三

序布四百

440261.40

新莽時期

拓本最大縱横3.9×1.9釐米（兩面同）

院藏信息

登録號440261.40，一頁，鈐印：簠齋收藏六泉十布印

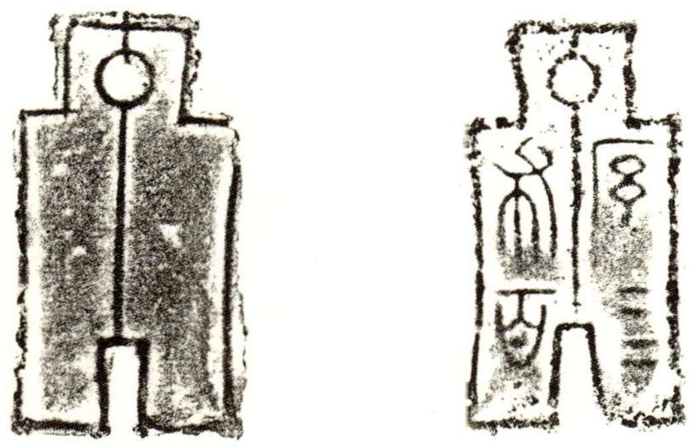

一四

序布四百 440261.49

新莽時期

拓本最大縱横4.2×2.2釐米（兩面同）

院藏信息

登録號440261.49，一頁，鈐印：簠齋收藏六泉十布印

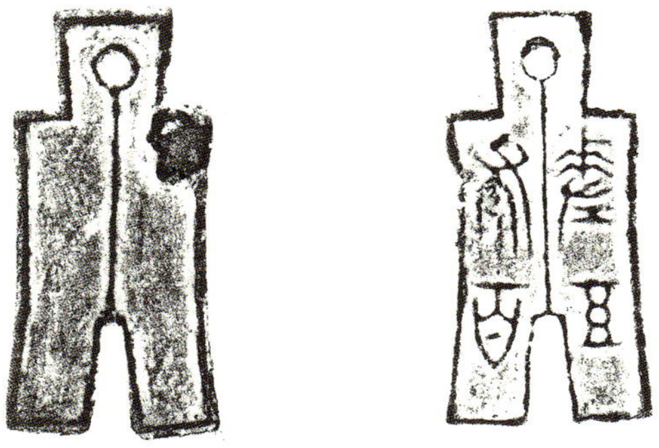

一五

差布五百

440261.41

新莽時期

拓本最大縱横4.2×2釐米（兩面同）

院藏信息

登録號440261.41，一頁，鈐印：簠齋收藏六泉十布印

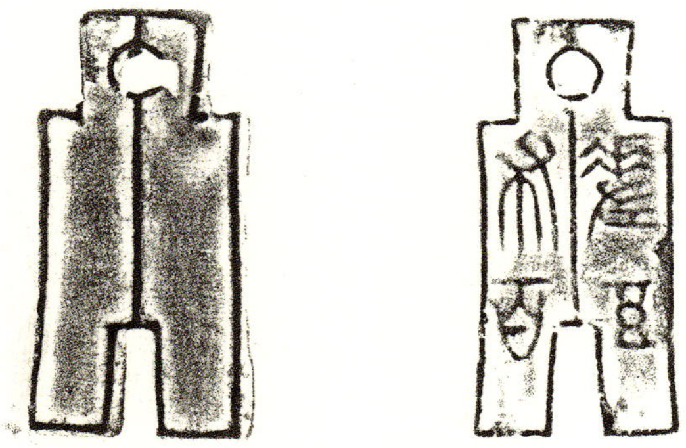

一六

差布五百

440261.50

新莽時期

拓本最大縱横4.4×2.1釐米（兩面同）

院藏信息

登録號440261.50，一頁，鈐印：簠齋收藏六泉十布印

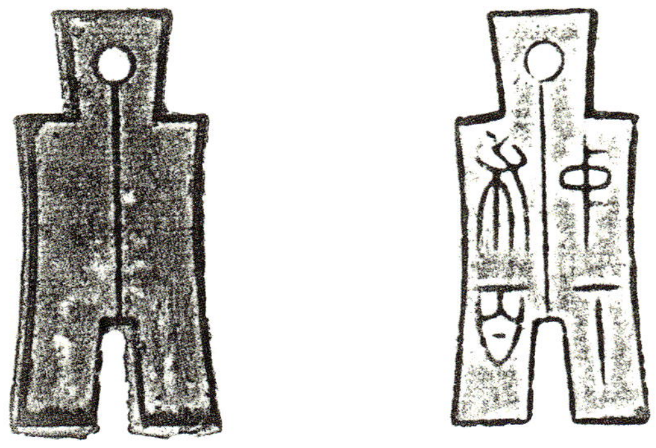

一七

中布六百

440261.42

新莽時期

拓本最大縱橫4.5×2釐米（兩面同）

院藏信息

登録號440261.42，一頁，鈐印：簠齋收藏六泉十布印

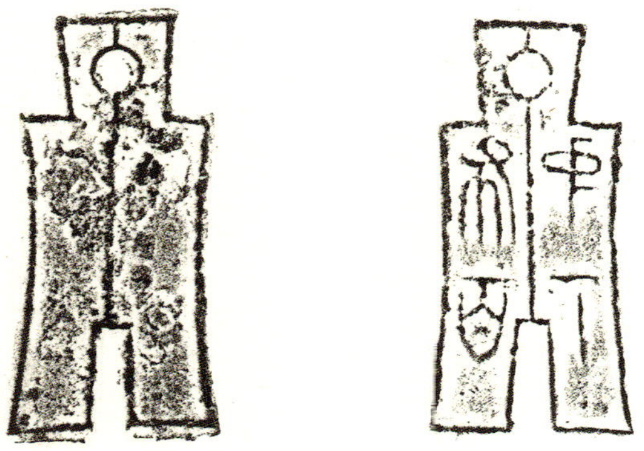

一八

中布六百

44026 1.51

新莽時期

拓本最大縱橫4.5×2.1釐米（兩面同）

院藏信息

登録號44026 1.51，一頁，鈐印：簠齋收藏六泉十布印

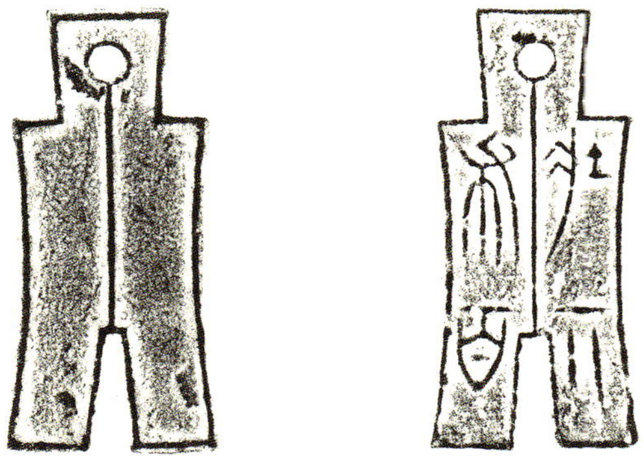

一九

壯布七百

440261.43

新莽時期

拓本最大縱横4.7×2.1釐米（兩面同）

院藏信息

登録號440261.43，一頁，鈐印：篁齋收藏六泉十布印

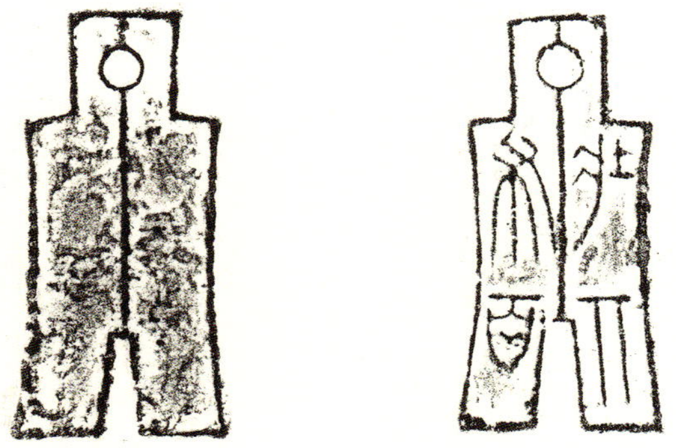

二〇

壯布七百

440261.52

新莽時期

拓本最大縱橫4.5×2.1釐米（兩面同）

院藏信息

登録號440261.52，一頁，鈐印：簠齋收藏六泉十布印

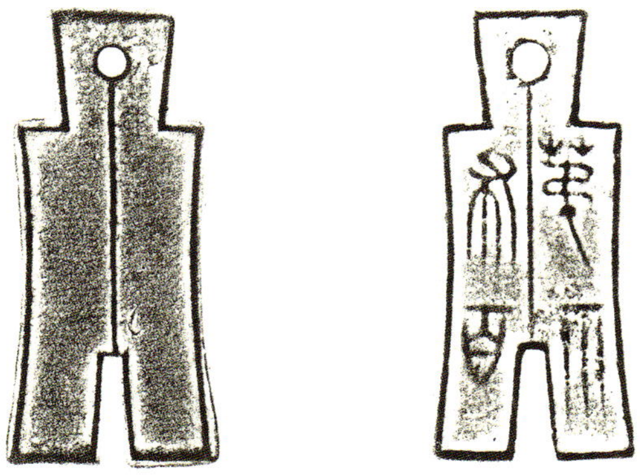

二

第布八百

44026１.44

新莽時期

拓本最大縱橫4.9×2.1釐米（兩面同）

院藏信息

登録號44026１.44，一頁，鈐印：簠齋收藏六泉十布印

二三

第布八百

44261.53

新莽時期

拓本最大縱橫4.5×2.2釐米（兩面同）

院藏信息

登録號44261.53，一頁，鈐印：簠齋收藏六泉十布印

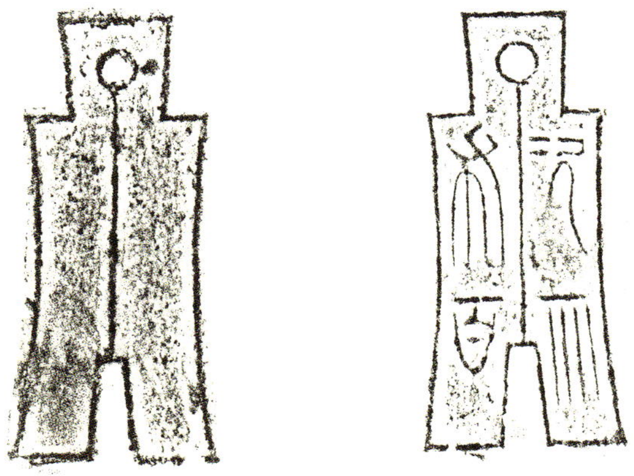

二三

次布九百

440261.45

新莽時期

拓本最大縱横5.1×2.3釐米（兩面同）

院藏信息

登録號440261.45，一頁，鈐印：簠齋收藏六泉十布印

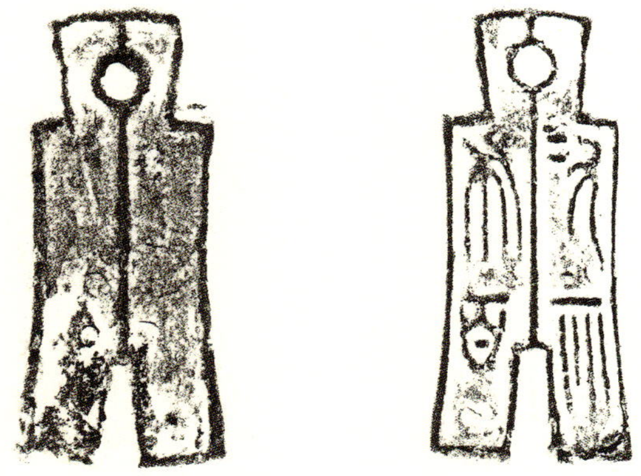

二四

次布九百

440261.54

新莽時期

拓本最大縱橫4.6×2.2釐米（兩面同）

院藏信息

登録號440261.54，一頁，鈐印：簠齋收藏六泉十布印

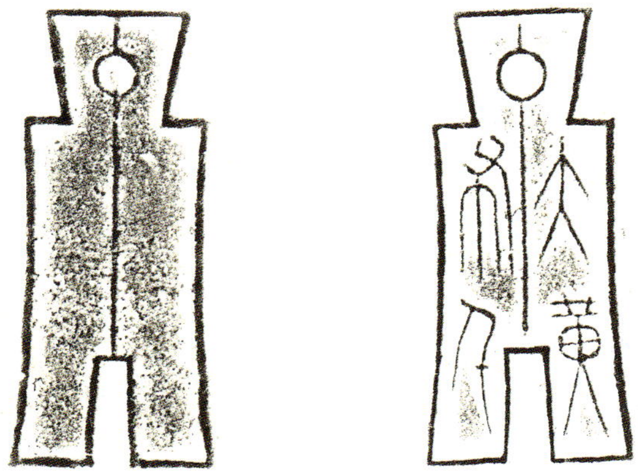

二五

大布黃千

440261.35

新莽時期

拓本最大縱横5.3×2.3釐米（兩面同）

院藏信息

登録號440261.35，一頁，鈐印：篋齋收藏六泉十布印

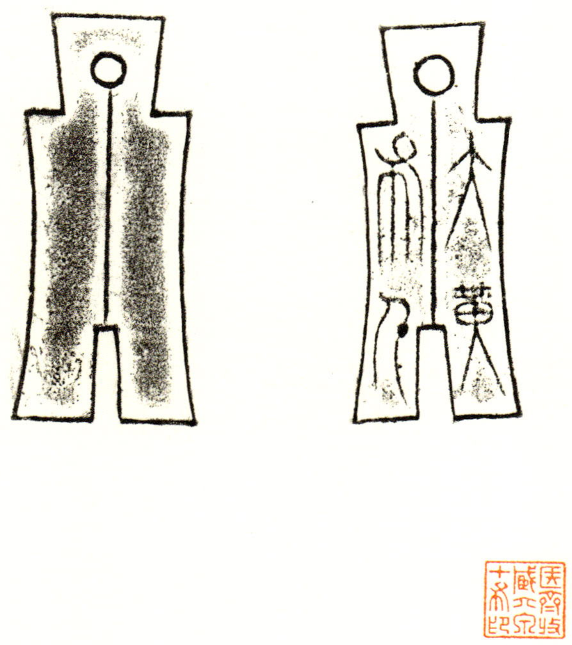

二六

大布黃千

440261.36

新莽時期

拓本最大縱橫5.5×2.3釐米（兩面同）

院藏信息

登録號440261.36，一頁，鈐印：簠齋收藏六泉十布印

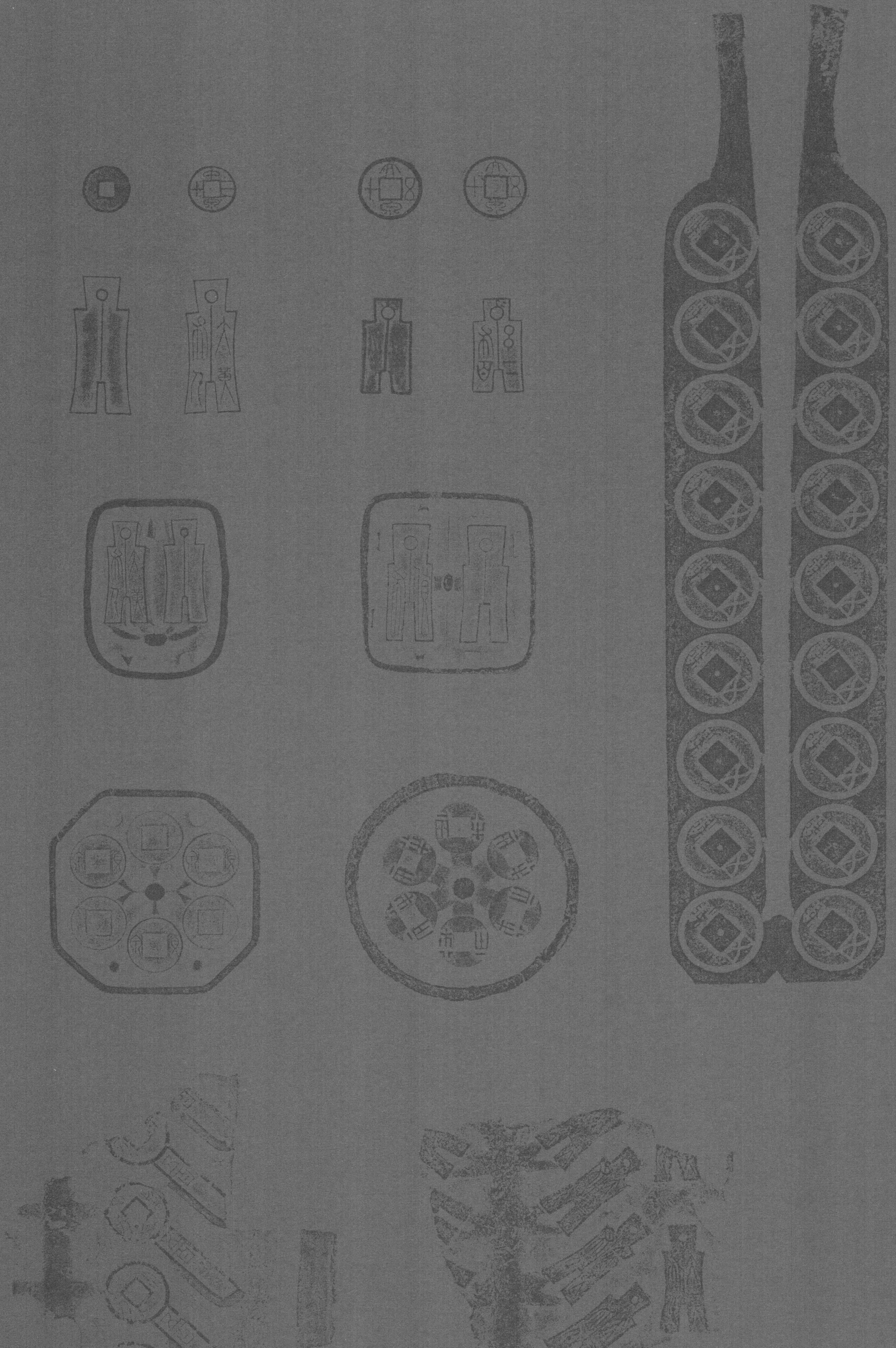

泉範

範／貨布範／大布黃千範／大布黃千範／大布黃千範／半兩範十二枚／半兩範八枚／半兩範六枚／半兩範十八枚／半兩範三十九枚／貨泉範正背各三枚／貨泉範正背各三枚／貨泉範正背各三枚／貨泉範正背各二枚／貨泉範正背各二枚／大泉五十範正背各二枚／大泉五十範正背各二枚／大泉五十範正背各二枚／五銖範十八枚／五銖範十二枚……

二七

範

440238.7.01

拓本正面最大縱横10.4×11.9釐米

院藏信息

登録號440238.7.01，一頁

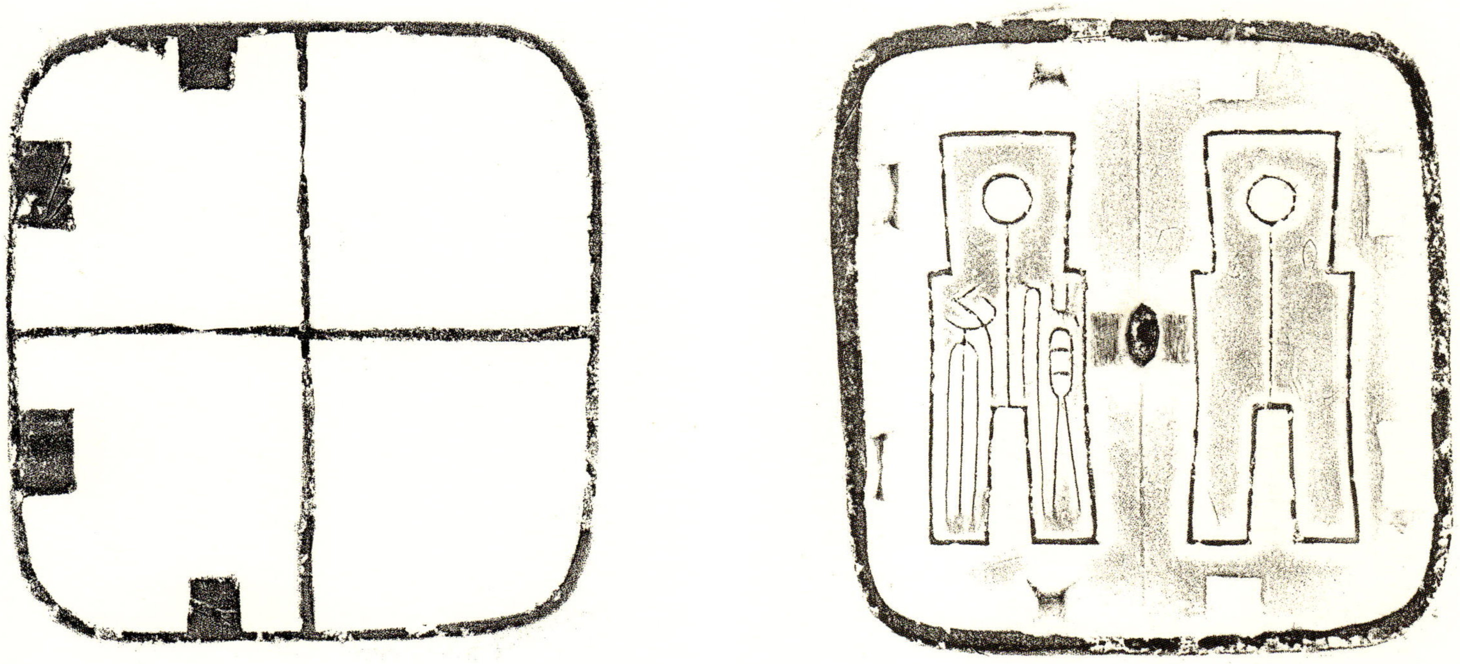

二八

貨布範

440238.7.02

新莽時期

拓本正面最大縱橫8.8×8釐米

院藏信息

登録號440238.7.02，一頁

二九

大布黃千範

440238.7.03

新莽時期

拓本正面最大縱横7.3×7.5釐米

院藏信息

登録號440238.7.03，一頁

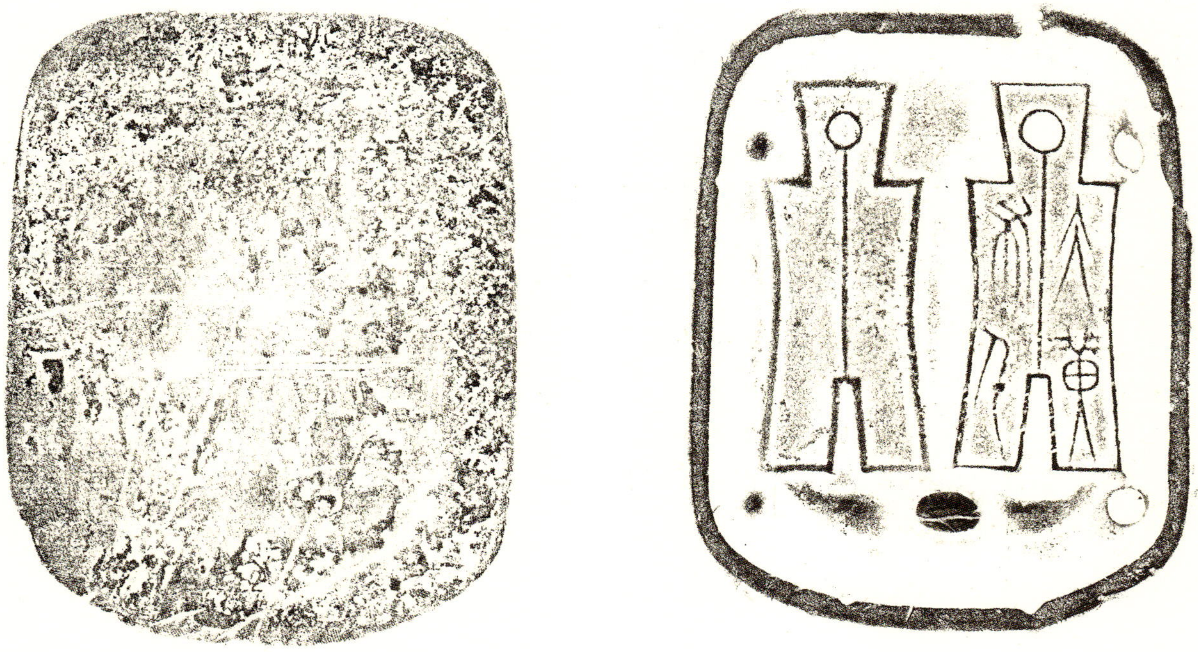

三〇

大布黃千範

440238.7.04

新莽時期

拓本正面最大縱橫8.5×6.7釐米

院藏信息

登録號440238.7.04，一頁

三一

大布黃千範

440238.7.05

新莽時期

拓本正面最大縱橫9.2×7.1釐米

院藏信息

登録號440238.7.05，一頁

三三

半兩範　十二枚

440238.7.06

秦或漢初

拓本正面最大縱横22.2×7.7釐米

院藏信息

登録號440238.7.06，一頁

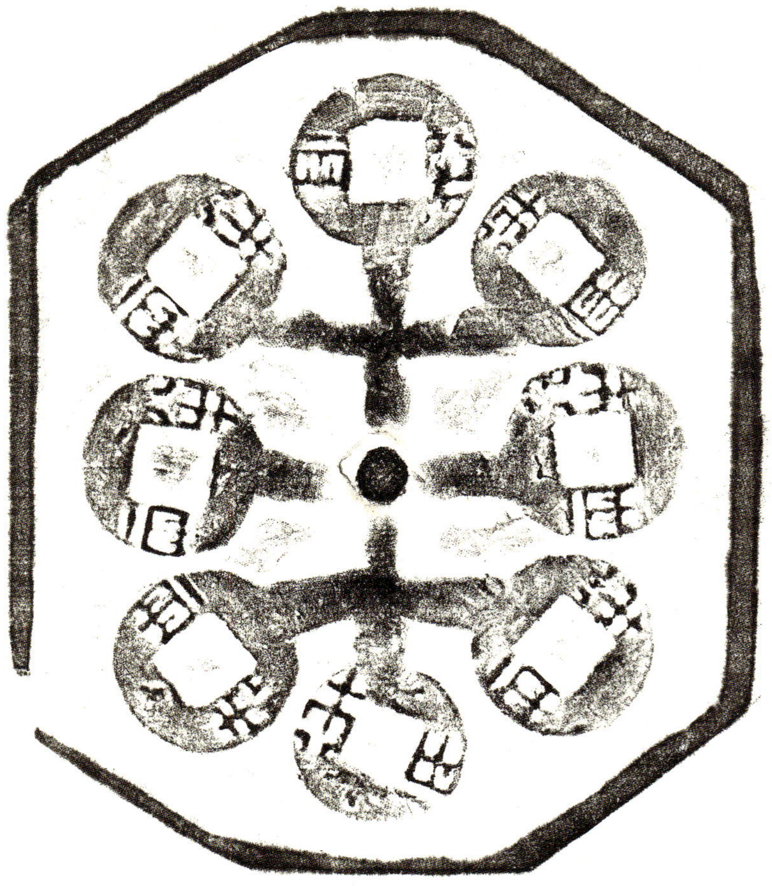

三三

半兩範 八枚

440238.7.07

秦或漢初

拓本正面最大縱橫11.9×10釐米

院藏信息

登録號440238.7.07，一頁

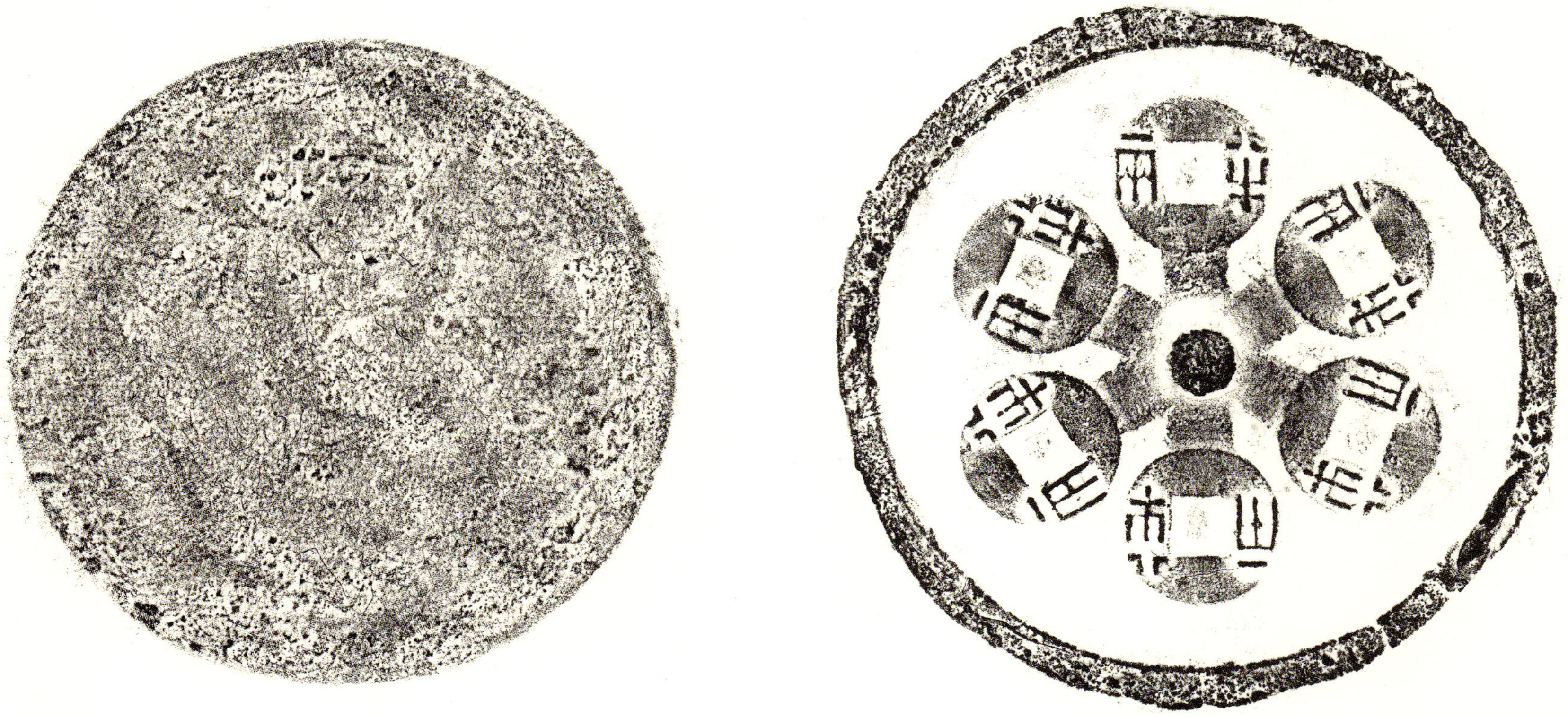

三四

半兩範　六枚　440238.7.08

秦或漢初

拓本正面最大縱橫10.3×10.6釐米

院藏信息

登録號440238.7.08，一頁

三五

半兩範 十八枚

440238.7.09

秦或漢初

拓本正面最大縱横14.1×13.8釐米

院藏信息

登録號440238.7.09，一頁

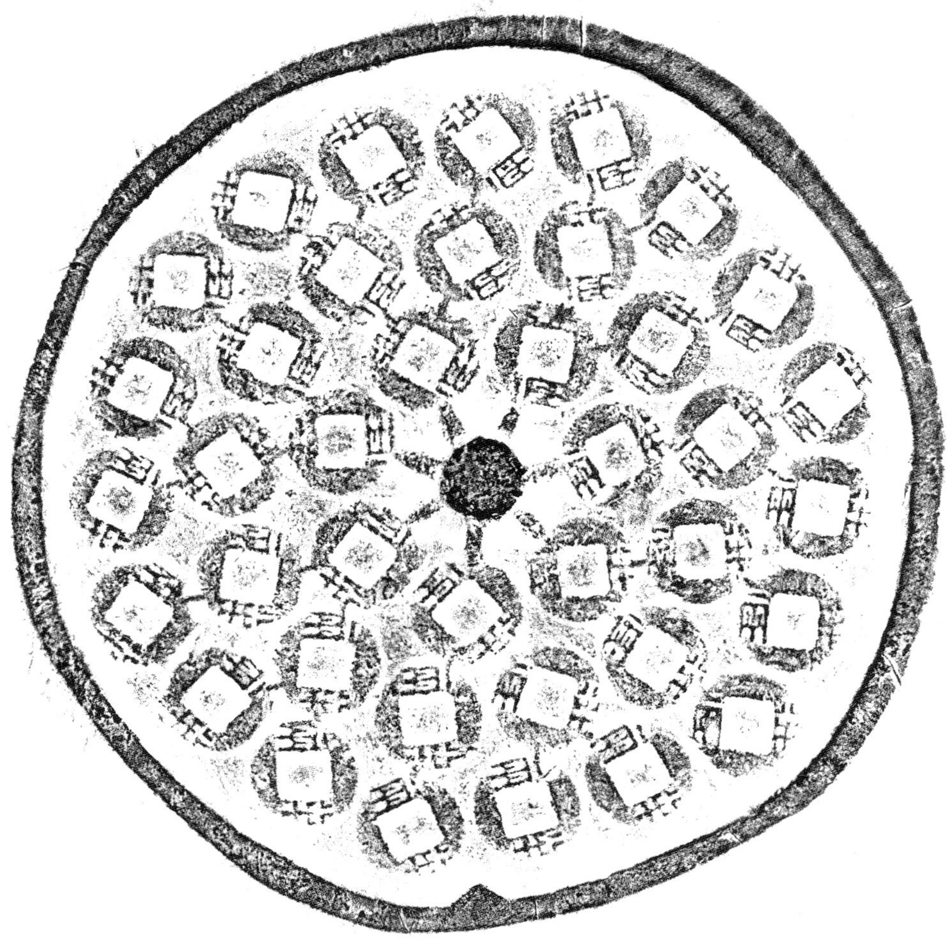

三六

半兩範　三十九枚

440238.7.10

秦或漢初

拓本正面最大縱橫12.6×12.4釐米

院藏信息

登録號440238.7.10，一頁

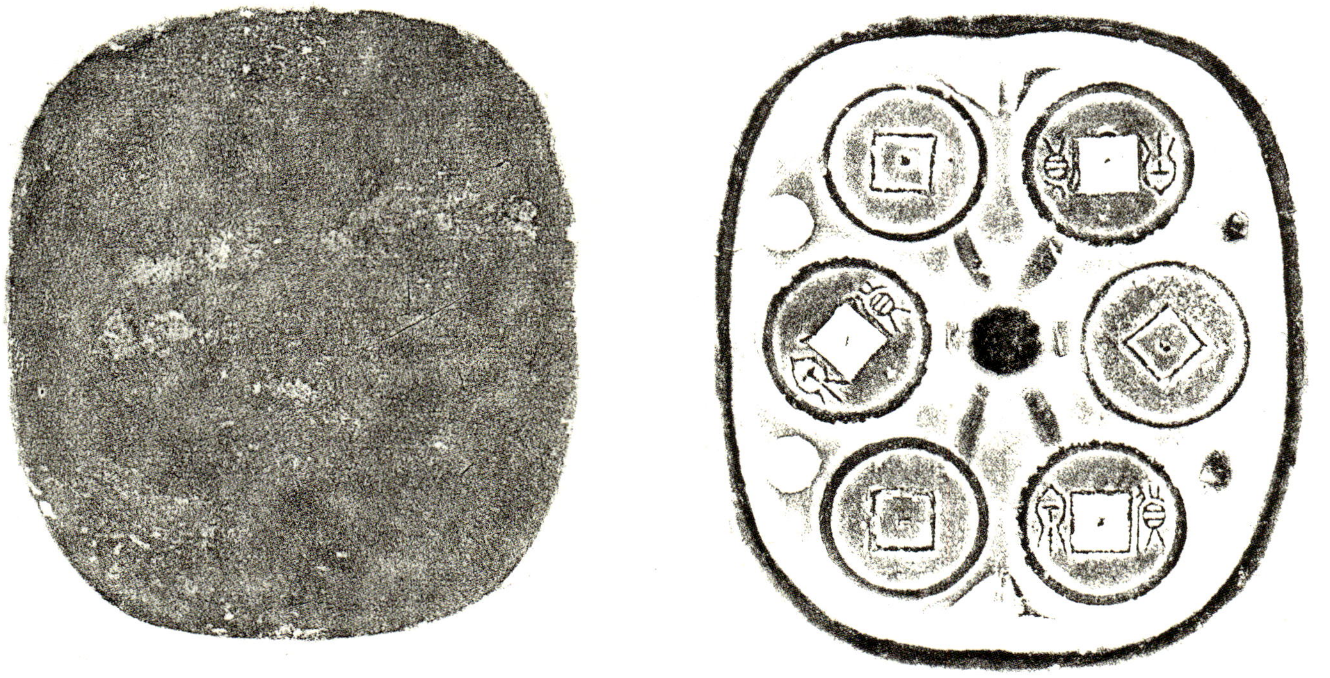

三七

貨泉範　正背各三枚

440238.7.11

新莽時期

拓本正面最大縱横9.1×7.8釐米

院藏信息

登録號440238.7.11，一頁

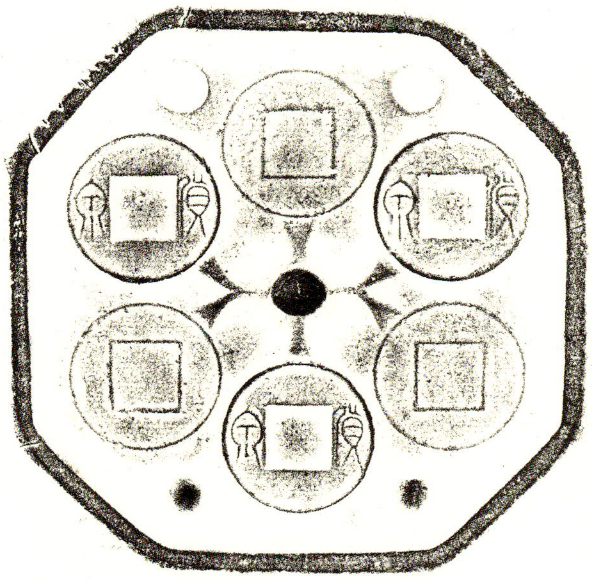

三八

貨泉範　正背各三枚

440238.7.12

新莽時期

拓本正面最大縱横7.7×7.7釐米

院藏信息

登録號440238.7.12，一頁

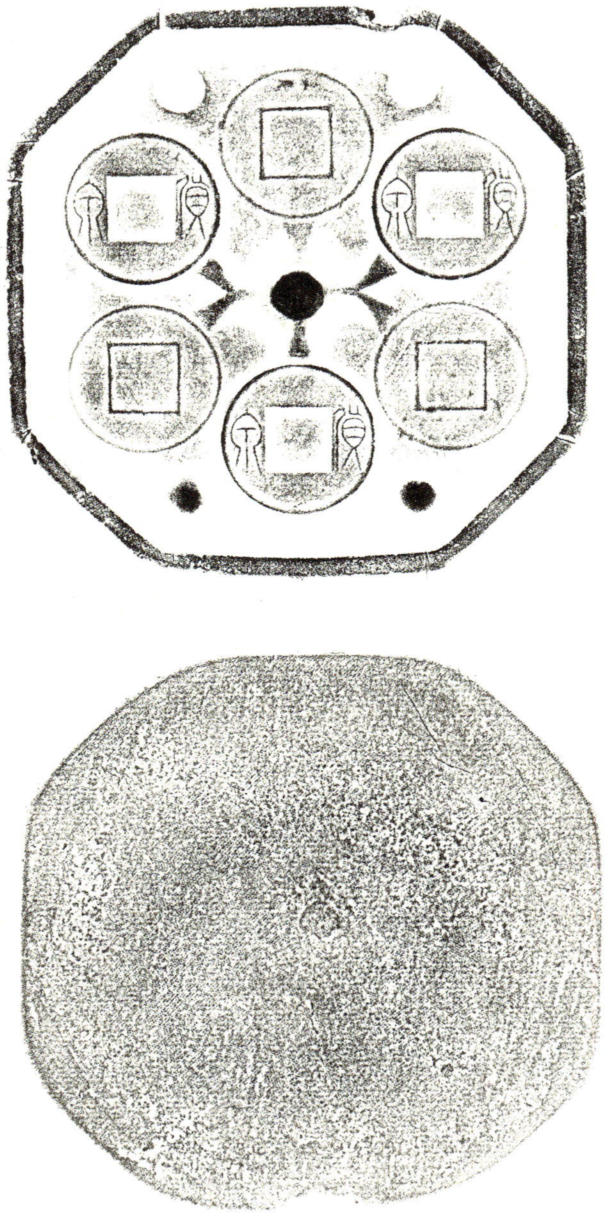

三九

貨泉範 正背各三枚

440238.7.13

新莽時期

拓本正面最大縱橫7.9×7.7釐米

院藏信息

登録號440238.7.13，一頁

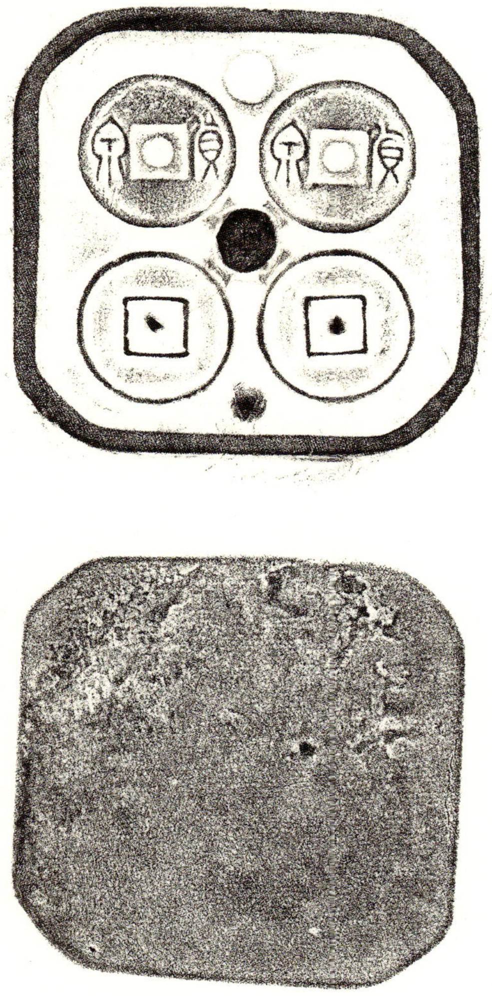

四〇

貨泉範　正背各二枚

440238.7.14

新莽時期

拓本正面最大縱横6.2×6.2釐米

院藏信息

登録號440238.7.14，一頁

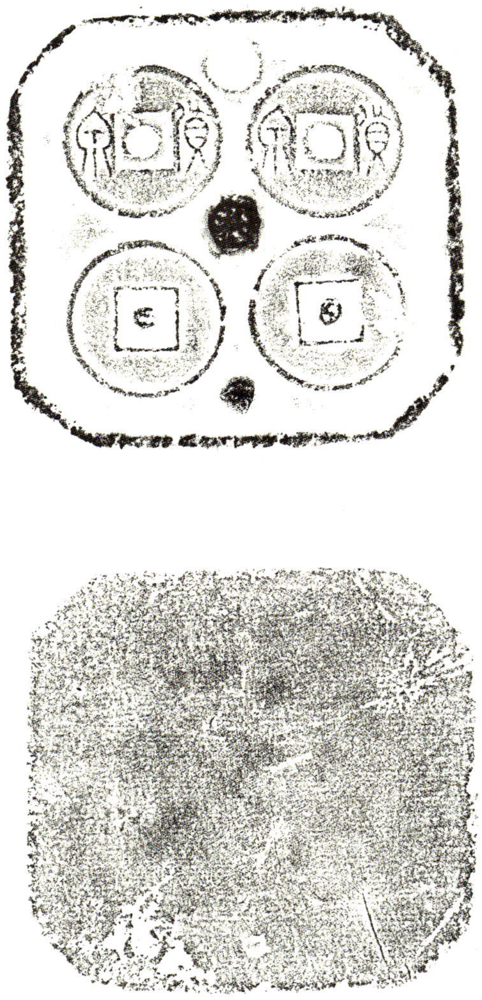

四一

貨泉範　正背各二枚

440238.7.15

新莽時期

拓本正面最大縱横6×6釐米

院藏信息

登録號440238.7.15，一頁

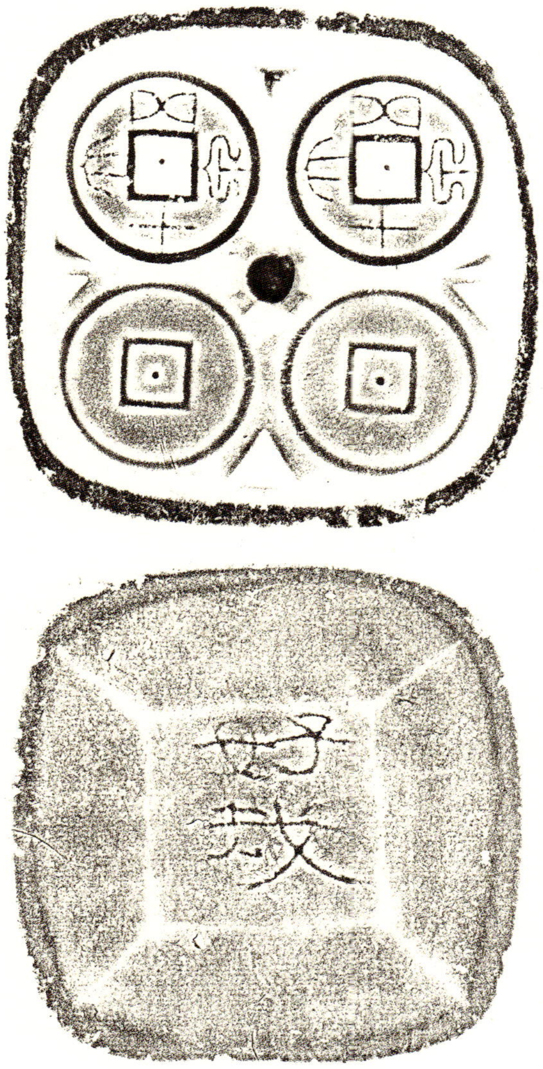

四二

大泉五十範　正背各二枚

440238.7.16

新莽時期

拓本正面最大縱橫7.2×7.1釐米

範背文字

好哉

院藏信息

登録號440238.7.16，一頁

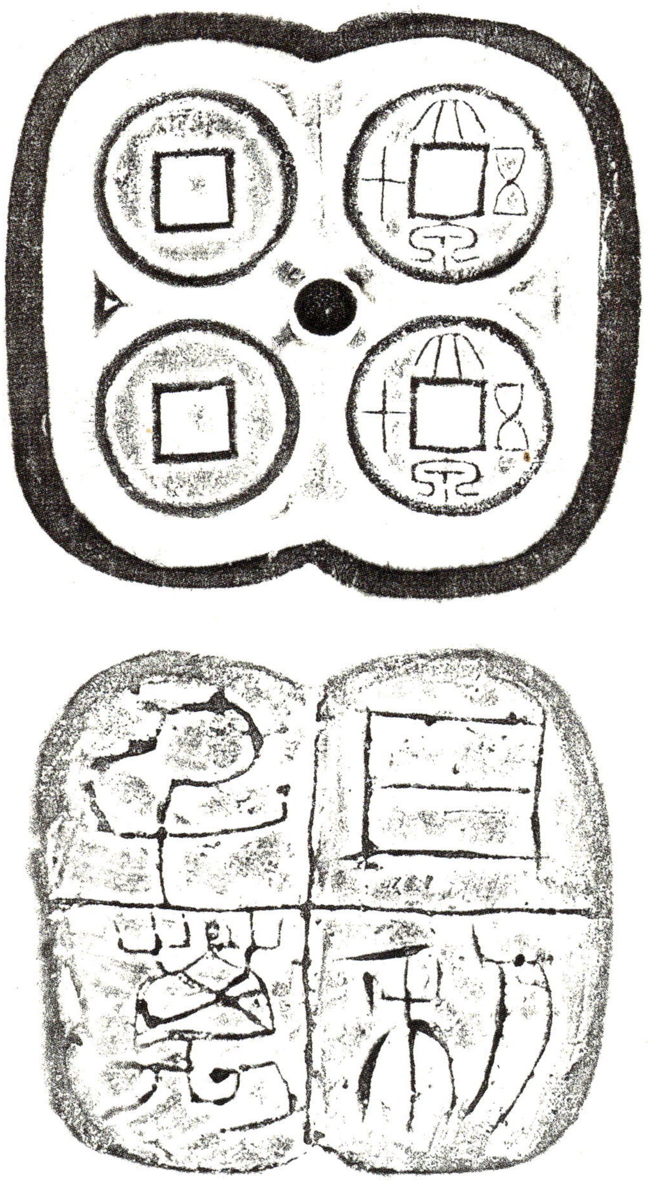

四三

大泉五十範 正背各二枚

440238.7.17

新莽時期

拓本正面最大縱橫8.1×8.4釐米

《秦漢》著録編號：五五三

範背文字

日利千萬

院藏信息

登録號440238.7.17，一頁

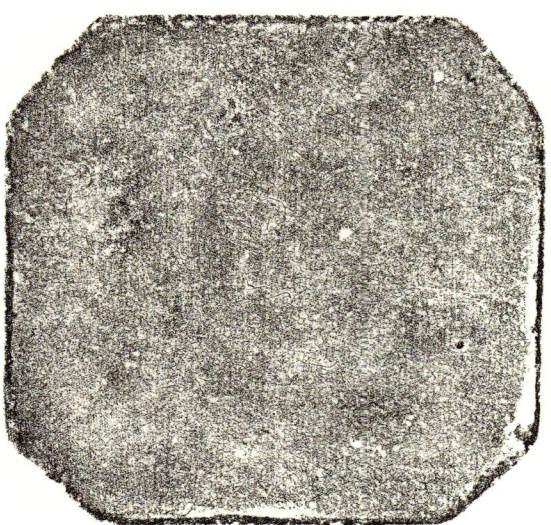

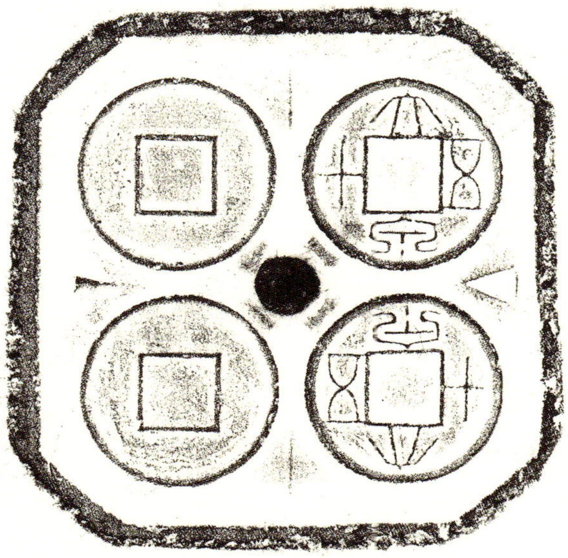

四四

大泉五十範　正背各二枚

440238.7.18

新莽時期

拓本正面最大縱横7.5×7.4釐米

院藏信息

登録號440238.7.18，一頁

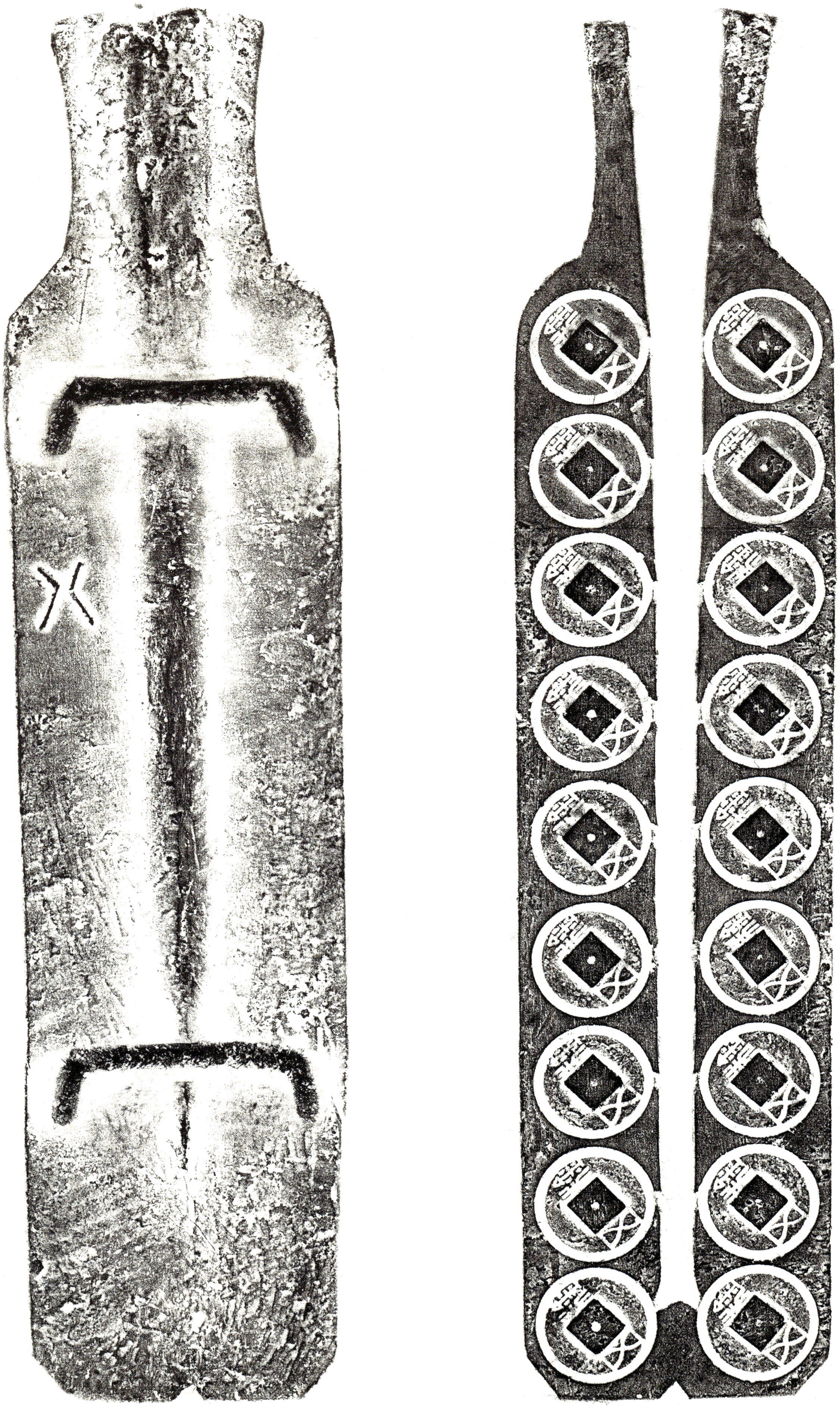

四五

五銖範　十八枚

440238.7.19

漢

拓本正面最大縱横32.9×7.3釐米

院藏信息

登録號440238.7.19`一頁

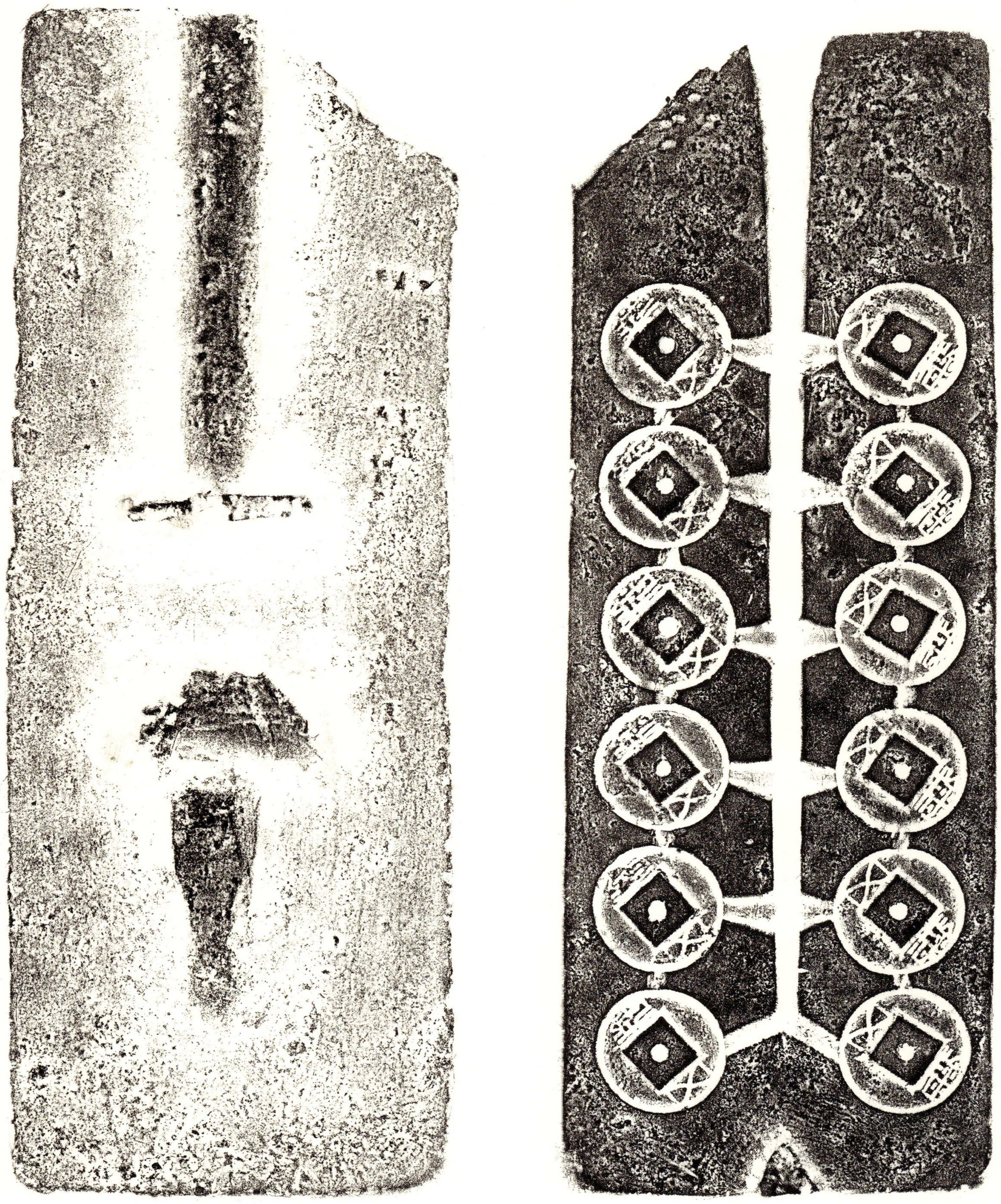

四六

五銖範 十二枚

440238.7.20

漢

拓本正面最大縱橫24×8.5釐米

院藏信息

登録號440238.7.20，一頁

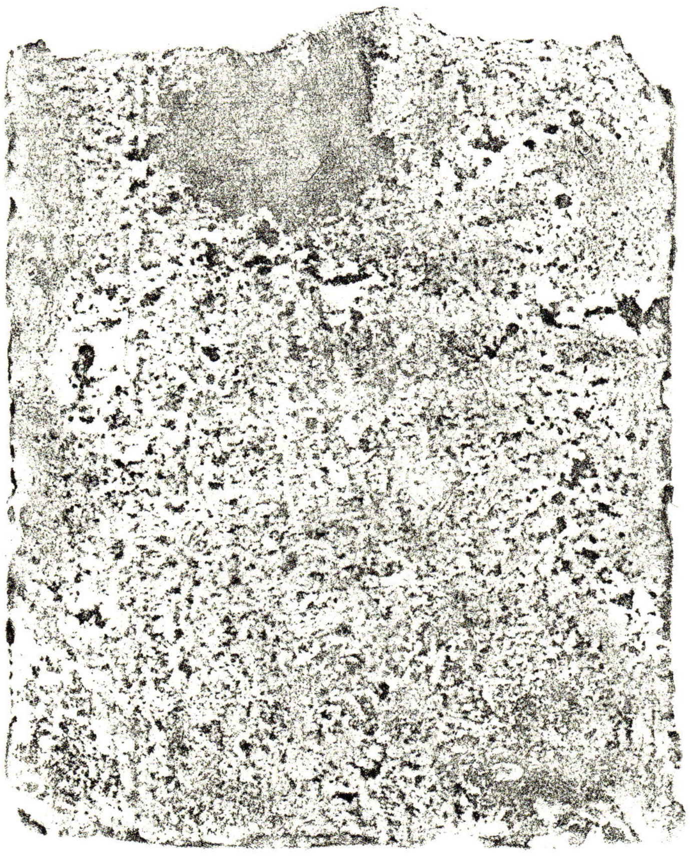

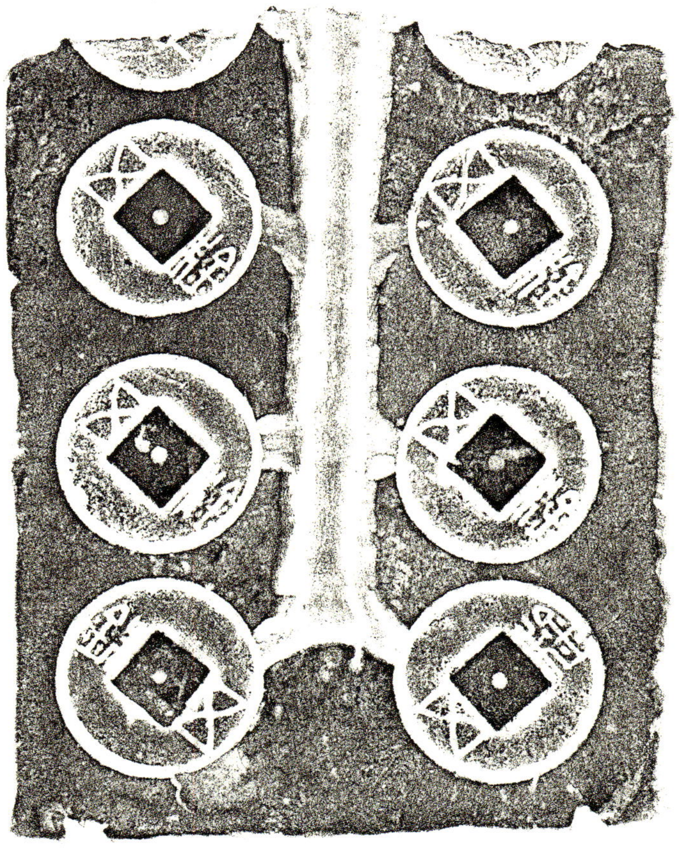

四七

五銖殘範 440238.7.21

漢

拓本正面最大縱横11.5×8.8釐米

院藏信息

登録號440238.7.21，一頁

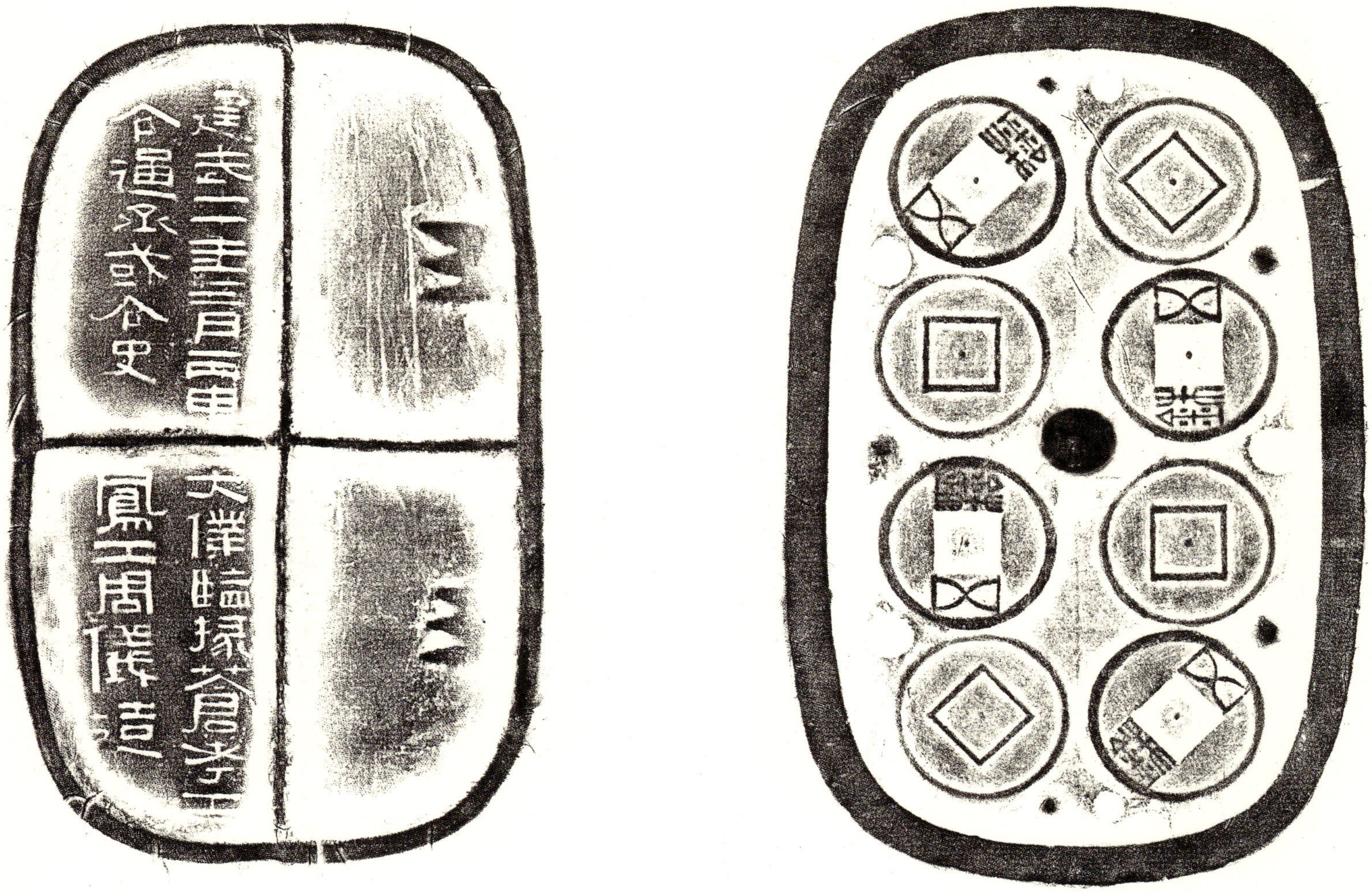

四八

建武十七年五銖範　正背各四枚

440238.7.22

東漢建武十七年（四一）

拓本正面最大縱橫13.4×8.5釐米

《秦漢》著録編號：五四六

範背文字

建武十七年三月丙申，大（太）僕監掾蒼，考工令通，丞或（國），令史鳳，工周儀造。

（編者注：拓字「十七」較清晰地見於鄧實編《簠齋吉金録》範廿三。此範與《簠齋吉金録》範廿四相同。《秦漢》著録爲「二」字）

院藏信息

登録號440238.7.22，一頁

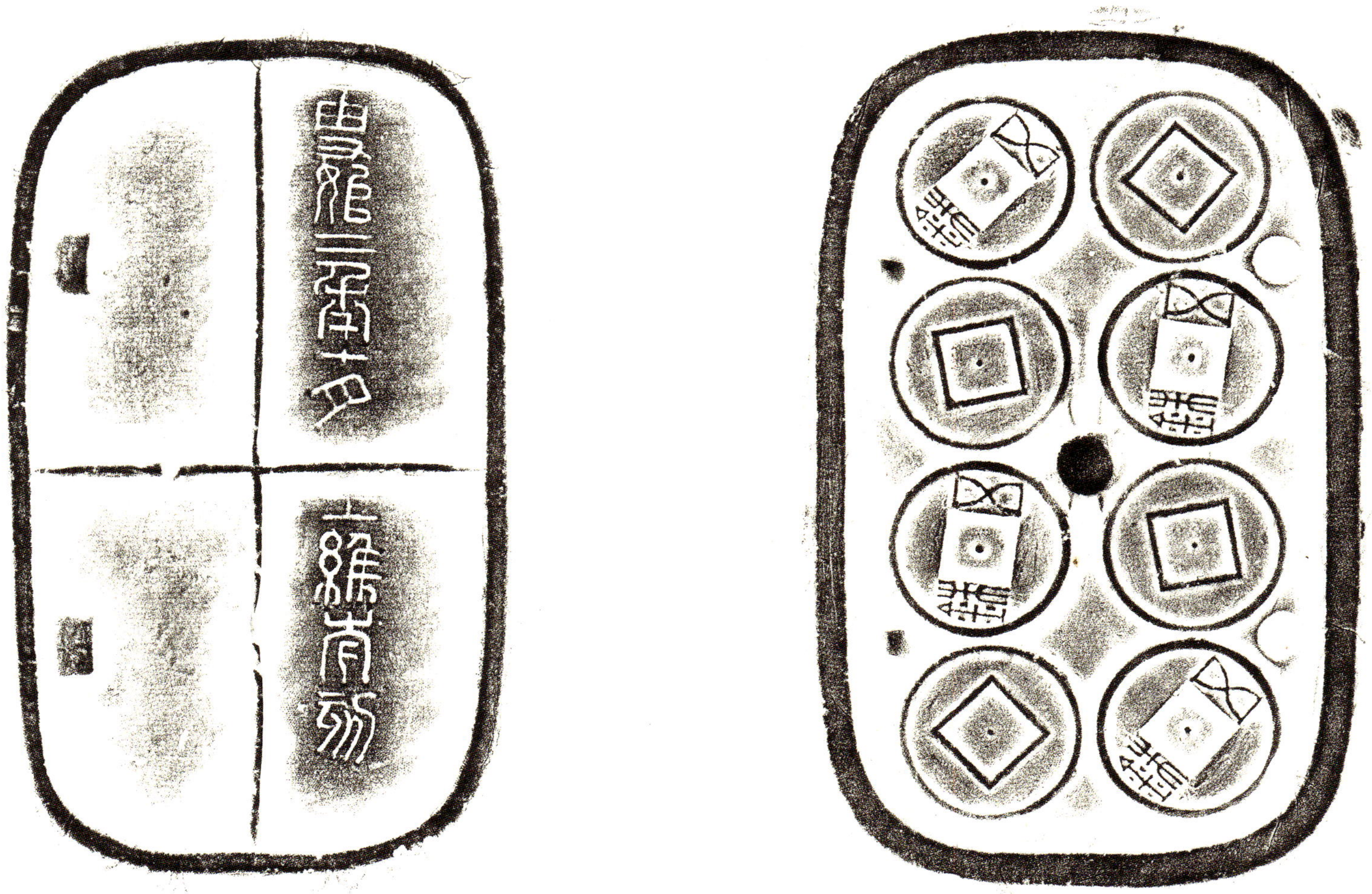

四九

更始二年五銖範　正背各四枚

440238.7.23

西漢更始二年（二四）

拓本正面最大縱横12.6×7.7釐米

《秦漢》著録編號：五四五

範背文字

更始二年七月工維岑刻

院藏信息

登録號440238.7.23，一頁

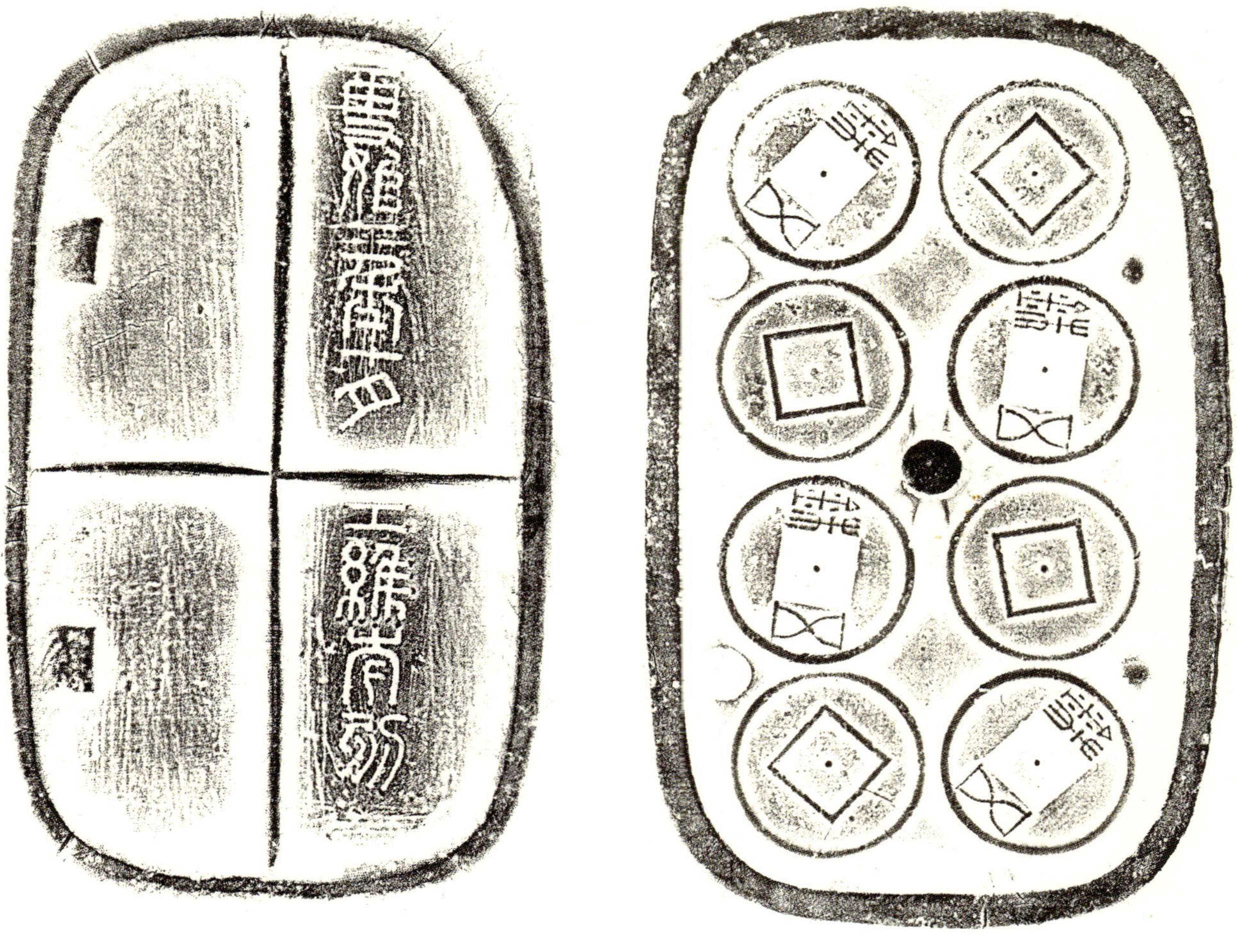

五〇

更始二年五銖範　正背各四枚

44O238.7.24

西漢更始二年（二四）

拓本正面最大縱横12.7×7.8釐米

範背文字

更始二年七月工維岑刻

院藏信息

登録號440238.7.24，一頁

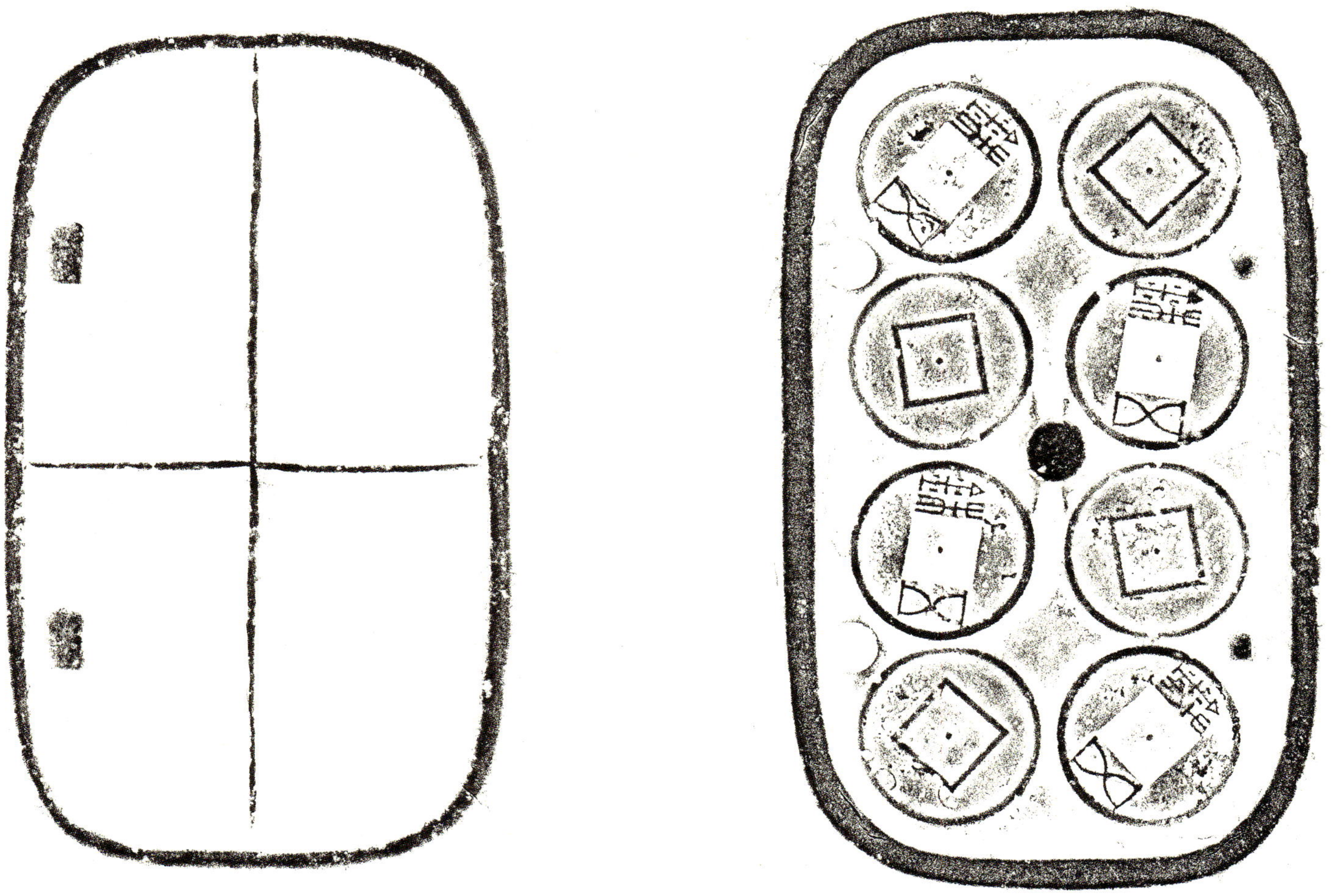

五一

五銖範　正背各四枚

440238.7.25

漢

拓本正面最大縱横12.7×7.5釐米

院藏信息

登録號440238.7.25，一頁

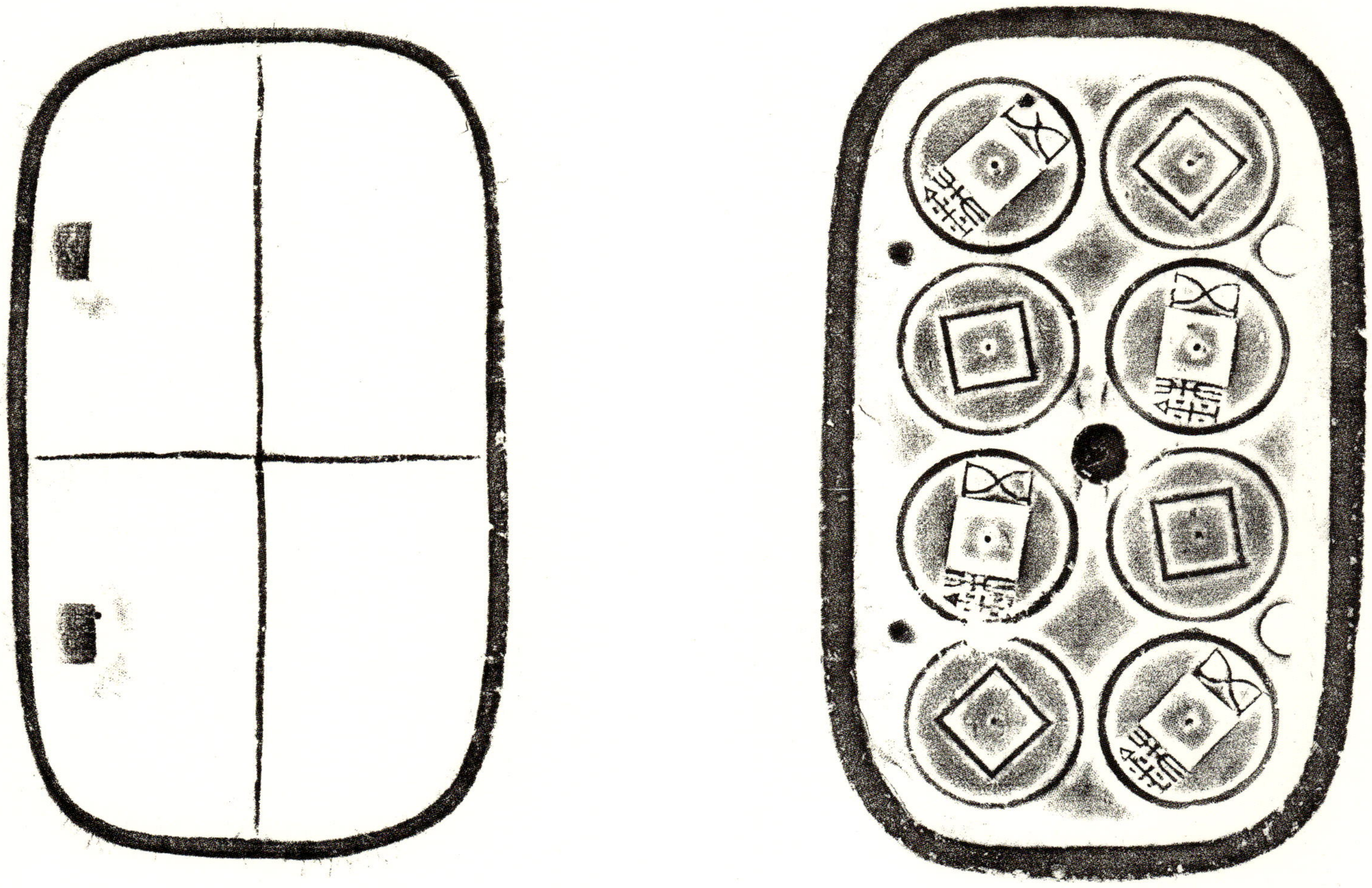

五二

五銖範 正背各四枚

440238.7.26

漢

拓本正面最大縱橫12.4×7.7釐米

院藏信息

登録號440238.7.26，一頁

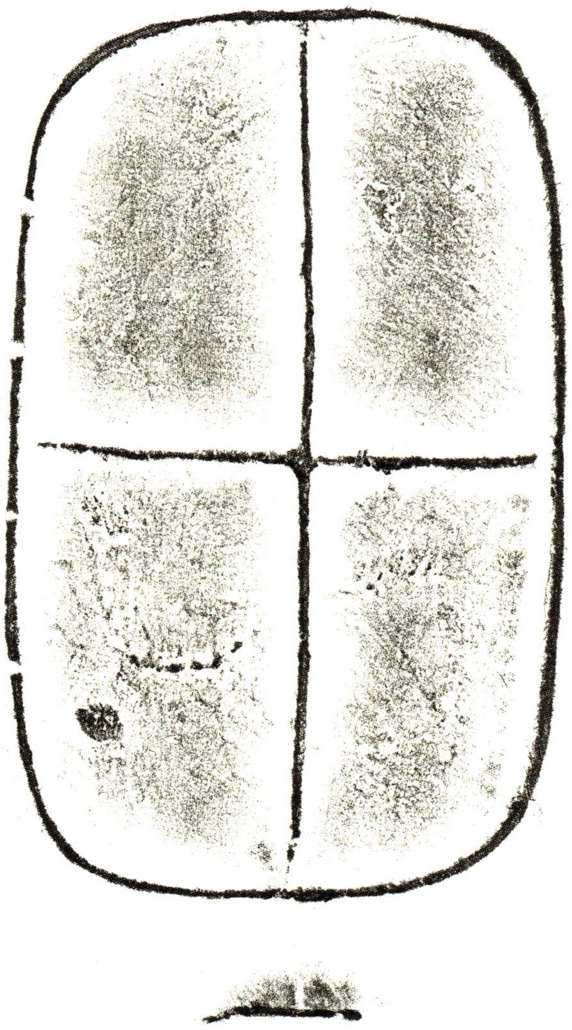

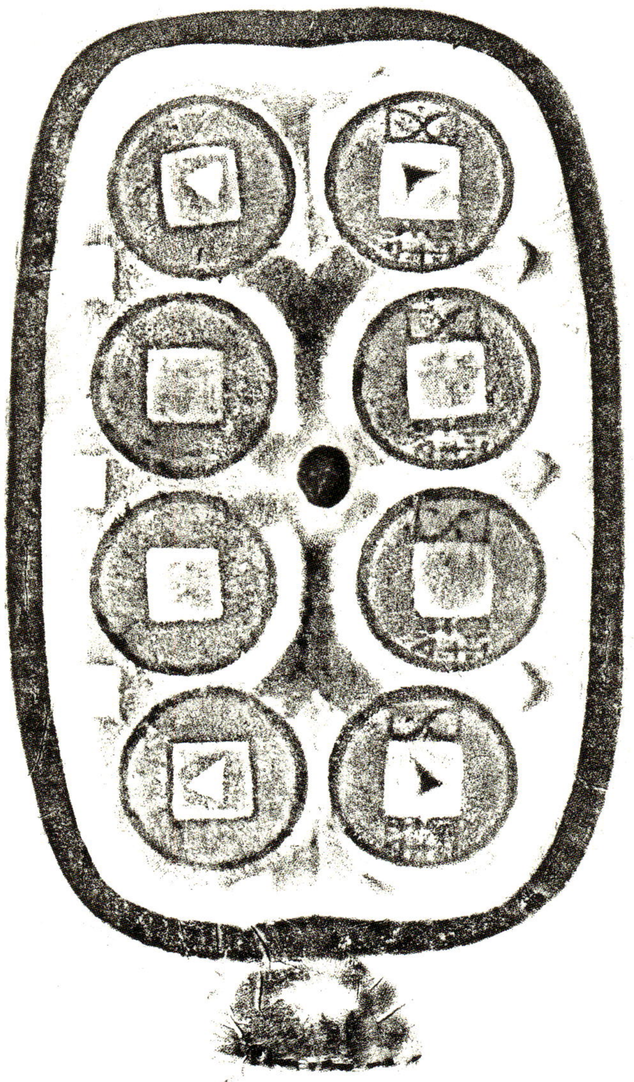

五三

五銖範　正背各四枚

440238.7.27

漢

拓本正面最大縱横14.7×8.2釐米

院藏信息

登録號440238.7.27，一頁

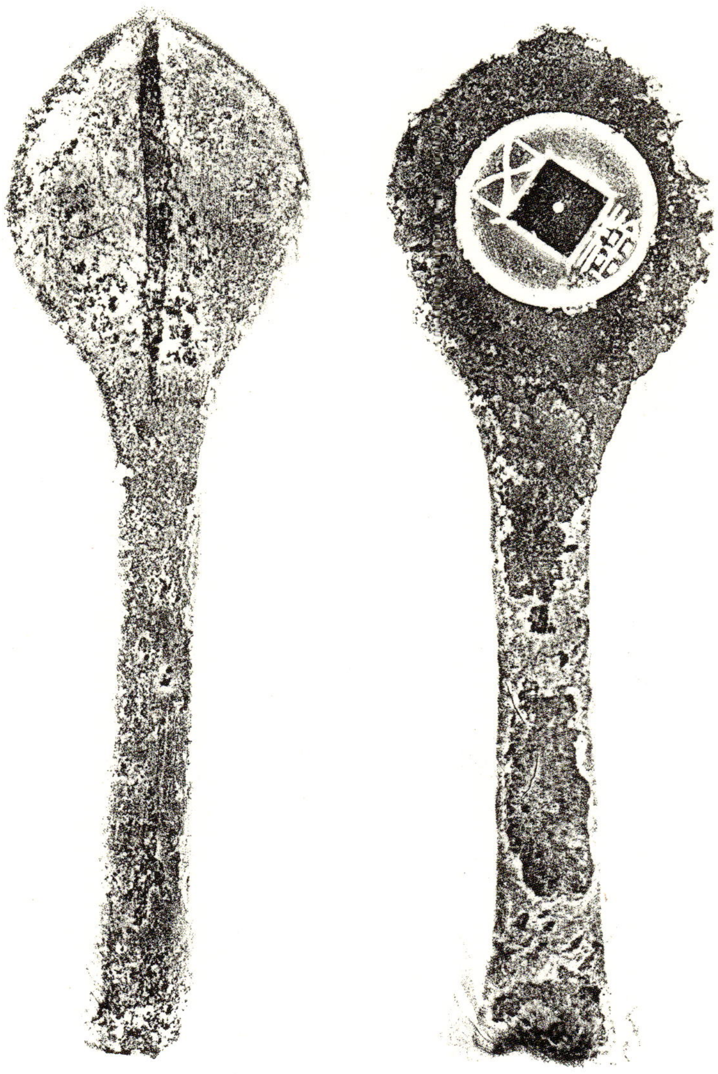

五四

五銖範

440238.7.28

漢

拓本正面最大縱橫14.3×4.3釐米

院藏信息

登録號440238.7.28，一頁

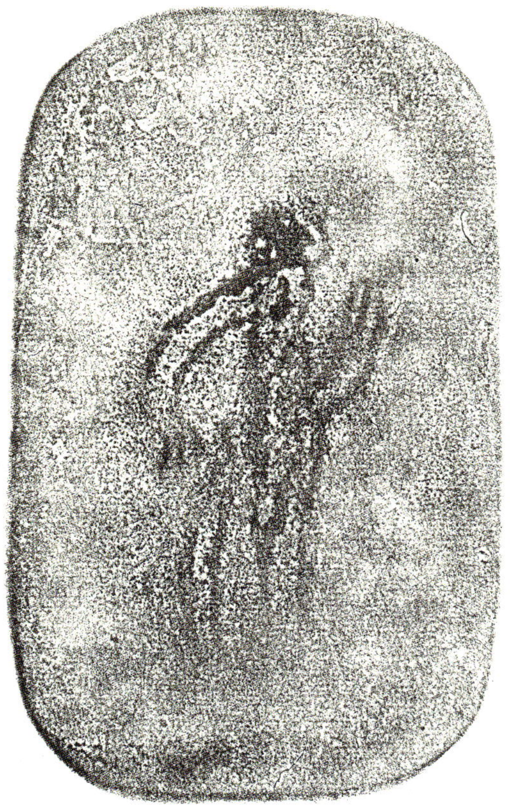

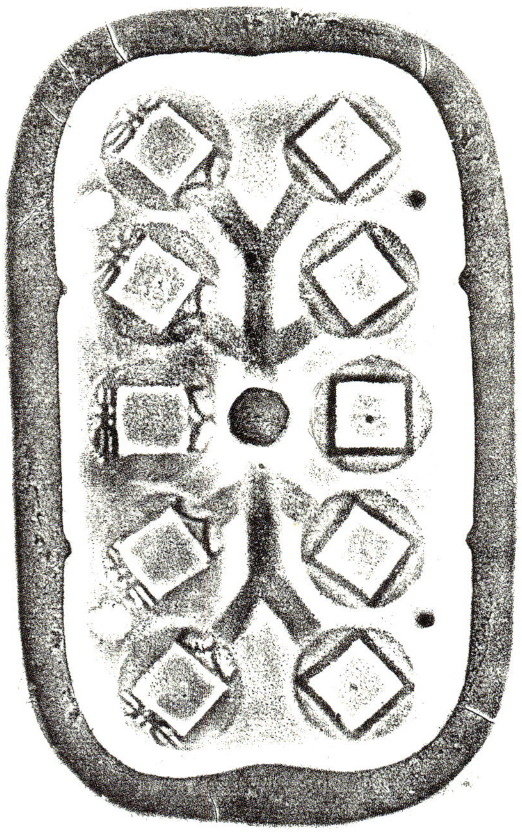

五五

五銖範　正背各五枚　44O238.7.29

漢

拓本正面最大縱横11.3×6.7釐米

院藏信息

登録號440238.7.29，一頁

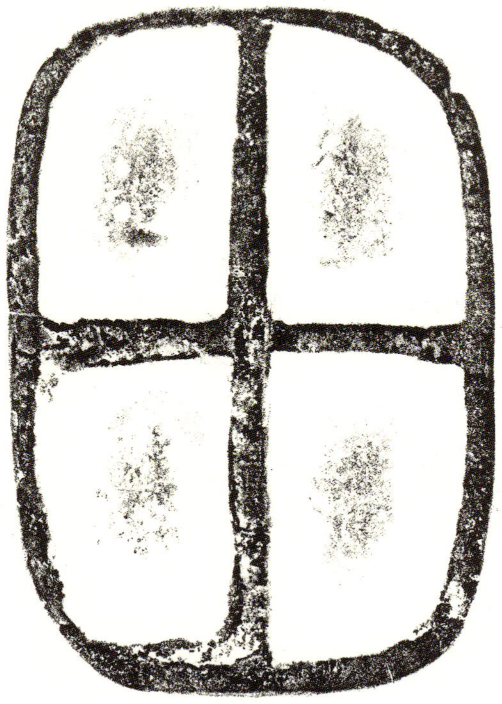

五六

五銖範　正背各四枚

440238.7.30

漢

拓本正面最大縱横9.7×6.7釐米

院藏信息

登録號440238.7.30，一頁

五七

半兩範

440238.8.01

秦或漢初

拓本直徑5.5釐米

院藏信息

登録號440238.8.01，一頁

五八

半兩範

440238.8.02

秦或漢初

拓本直徑4.5釐米

院藏信息

登録號440238.8.02，一頁

五九

半兩範

440238.8.03

秦或漢初

拓本直徑4.3釐米

院藏信息

登録號440238.8.03，一頁

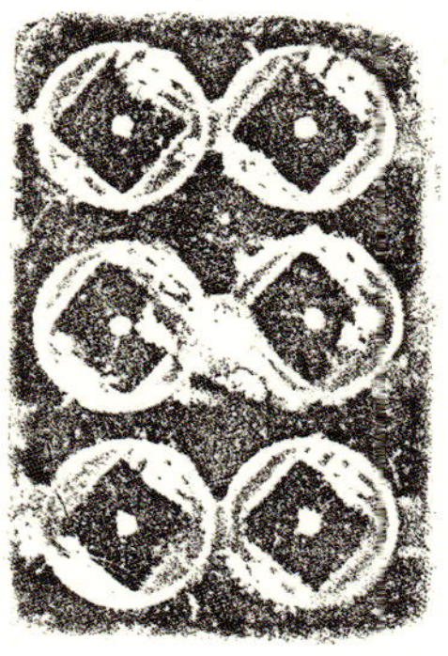

六〇

半兩範　六枚

440238.8.04

秦或漢初

拓本最大縱横4.6×3釐米

院藏信息

登録號440238.8.04，一頁

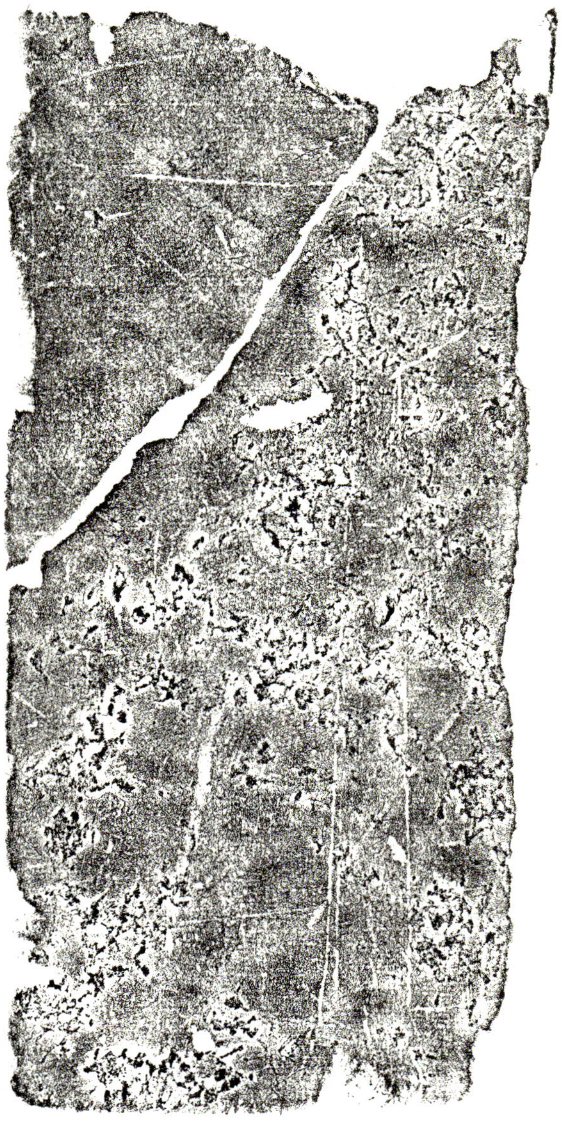

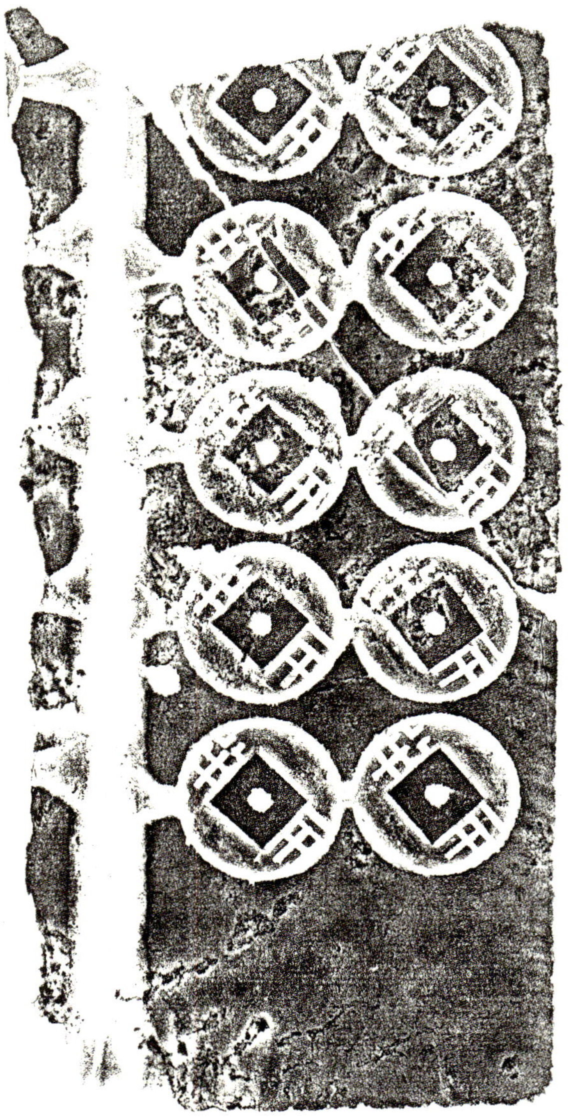

六一

半兩殘範

440238.8.05

秦或漢初

拓本正面最大縱横15.2×7.2釐米

院藏信息

登録號440238.8.05，一頁

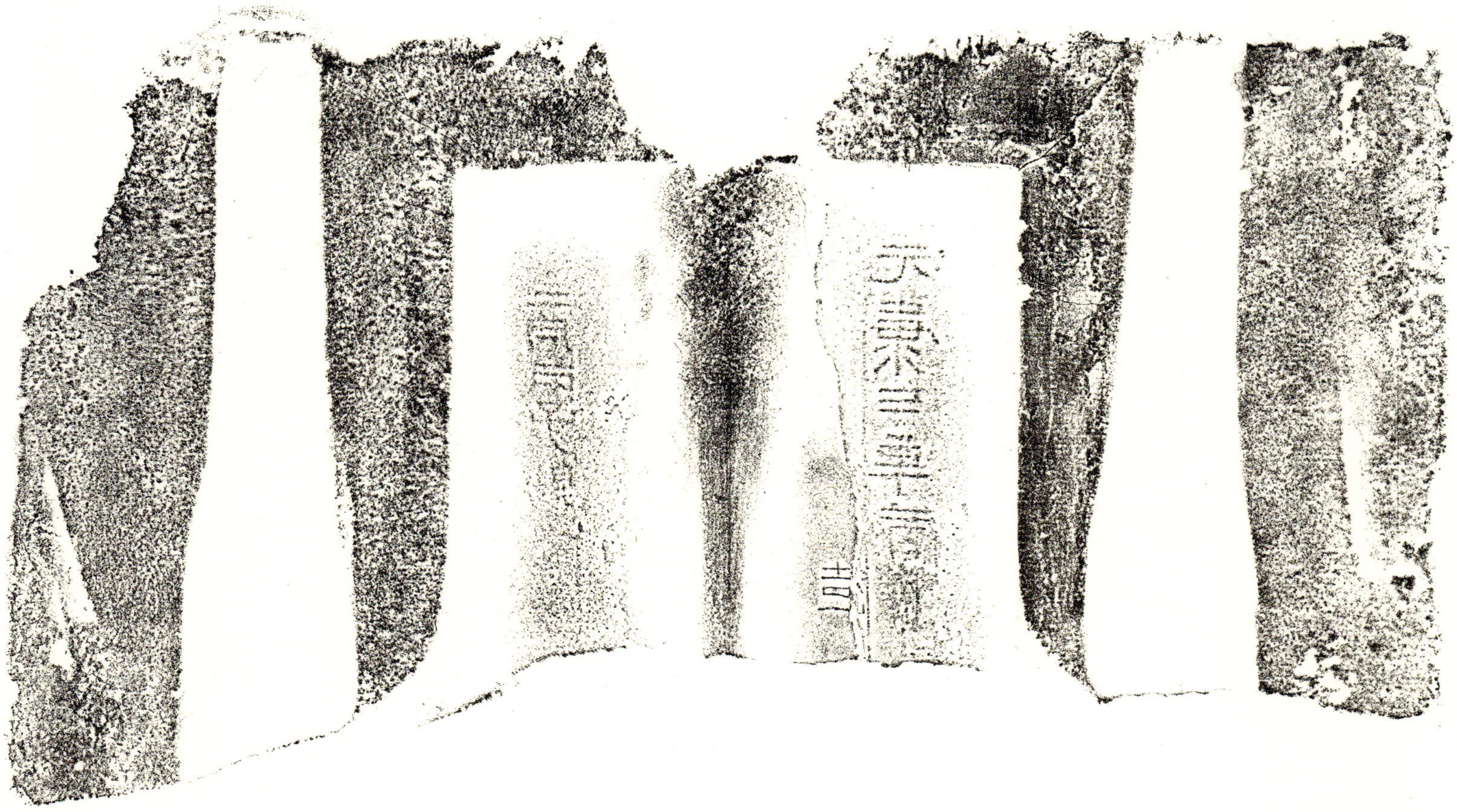

六二

元康三年殘範

440238.8.06

西漢元康三年（前六三）

拓本最大縱橫11.2×20.1釐米

院藏信息

登録號440238.8.06，一頁

六三

地節二年殘範

440238.8.07

西漢地節二年（前六八）

拓本最大縱橫12×12釐米

院藏信息

登録號440238.8.07，一頁

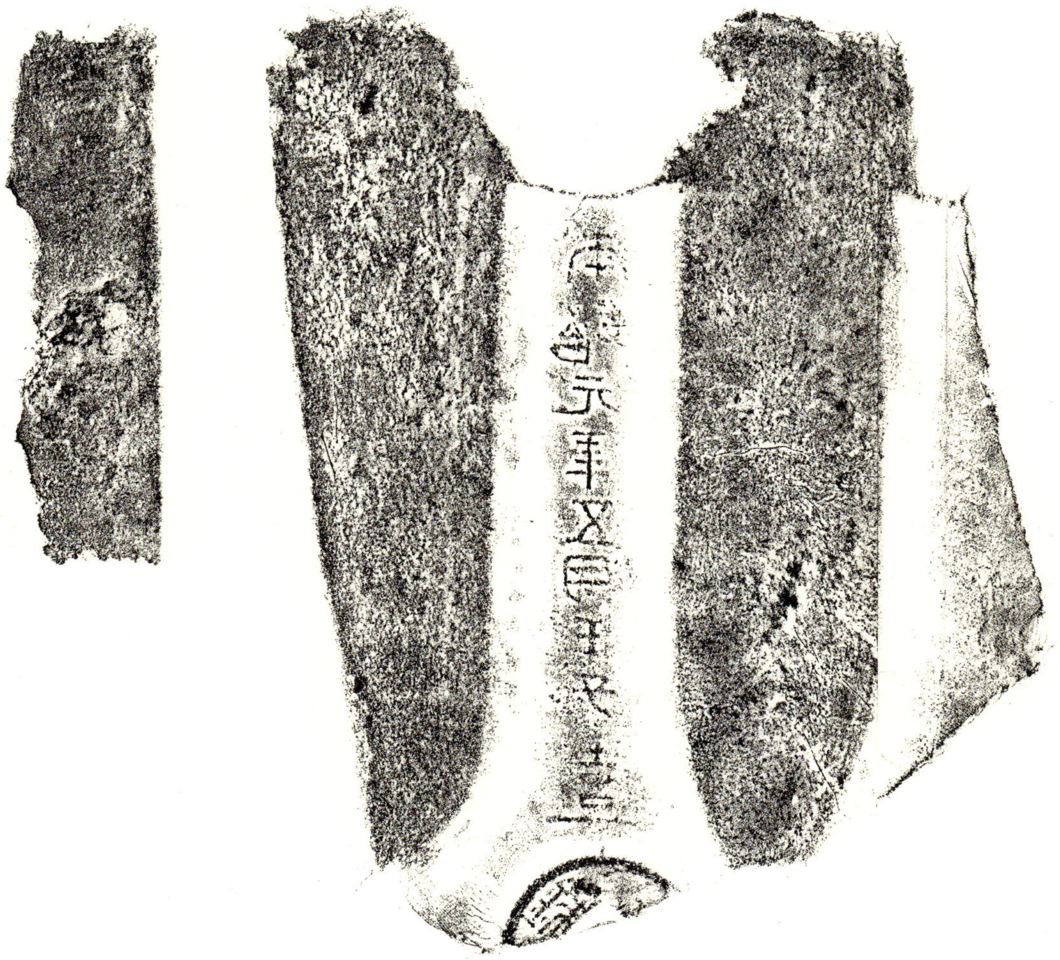

六四

本始元年五銖殘範

44238.8.08

西漢本始元年（前七三）

拓本最大縱橫13×13.5釐米

範文

本始元年五月王子造

院藏信息

登録號440238.8.08，一頁

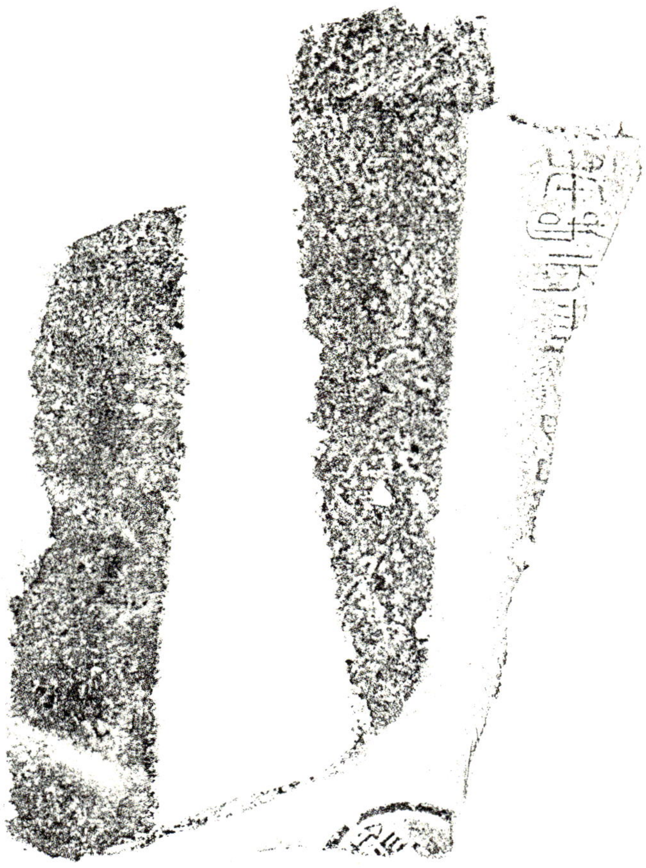

六五

本始元年五銖殘範

440238.8.09

西漢本始元年（前七三）

拓本最大縱横11.8×8.4釐米

院藏信息

登録號440238.8.09，一頁

六六

本始三年殘範 440238.8.10

西漢本始三年（前七一）九月

拓本最大縱横10.5×7.7釐米

院藏信息

登録號440238.8.10，一頁

六七

殘範

440238.8.11

漢

拓本最大縱橫10.5×12.5釐米

院藏信息

登録號440238.8.11，一頁

六八

殘範 440238.8.12

漢

拓本最大縱橫9×6釐米

院藏信息

登録號440238.8.12，一頁

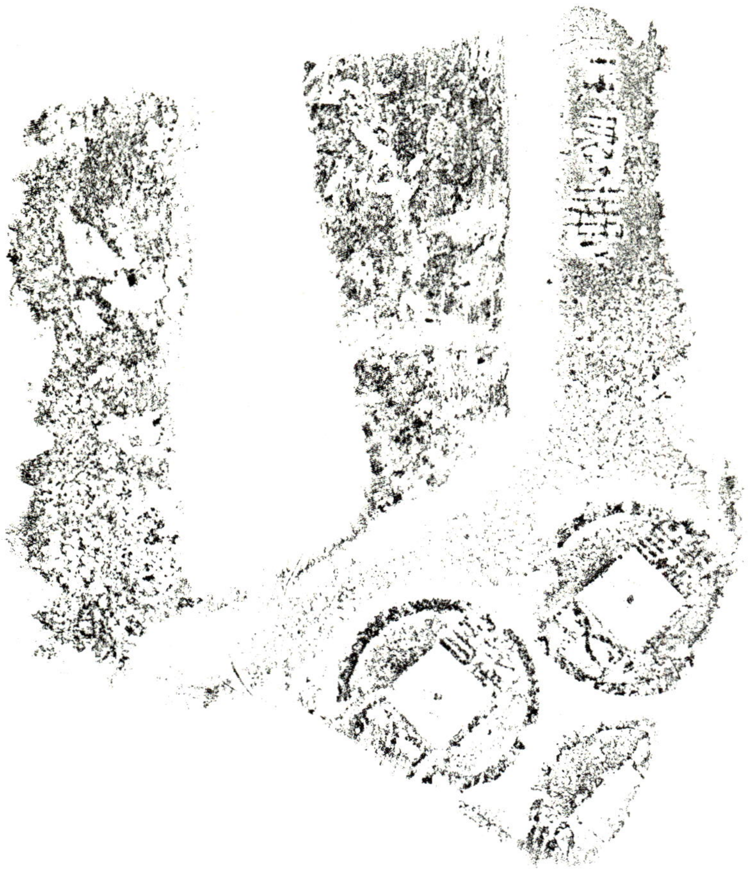

六九

五銖殘範

440238.8.13

漢

拓本最大縱横11.9×9.7釐米

院藏信息

登録號440238.8.13，一頁

七〇

五銖殘範　440238.8.14

漢

拓本最大縱橫7.7×11.3釐米

院藏信息

登録號440238.8.14，一頁

七一
五銖殘範
440238.8.15

漢

拓本正面最大縱横13.3×7.8釐米

院藏信息

登録號440238.8.15，一頁

七二

契刀五百殘範

44038.8.16

新莽時期

拓本最大縱橫13.8×13.6釐米

院藏信息

登録號44038.8.16，一頁

七三

契刀五百殘範

440238.8.17

新莽時期

拓本最大縱横3.3×2.6釐米

院藏信息

登録號440238.8.17，一頁

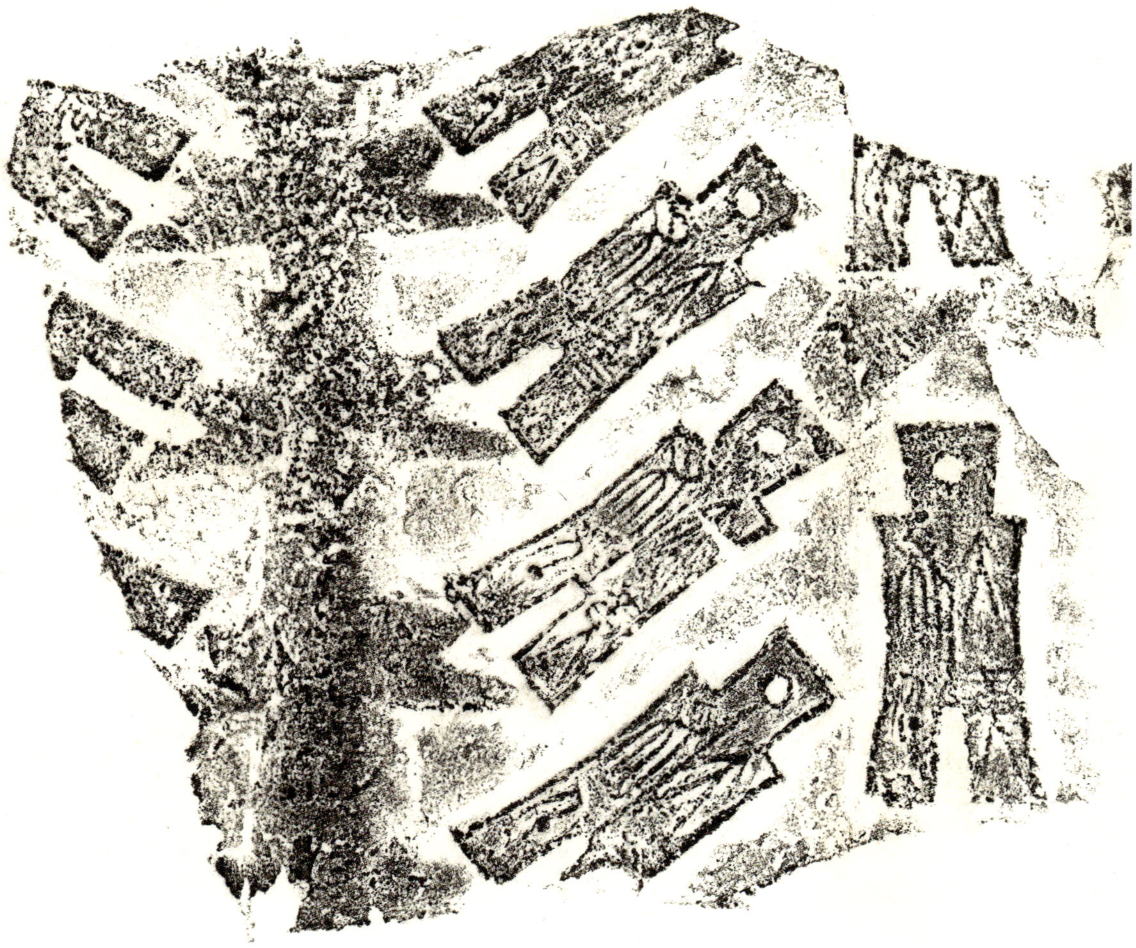

七四
大布黄千殘範
44238.8.18

新莽時期
拓本最大縱横12.5×15釐米

院藏信息
登録號44238.8.18，一頁

七五
殘範 440238.8.19

漢
拓本最大縱橫6×6.5釐米

院藏信息
登録號440238.8.19，一頁